ちくま新書

日本型開発協力

——途上国支援はなぜ必要なのか

松本勝男
Matsumoto Katsuo

1733

日本型開発協力——途上国支援はなぜ必要なのか

【目次】

第6章　戦略的実践主義　261

はじめに

第二次世界大戦後、国際社会への復帰を果たした日本は、はやくも1950年代にアジア大洋州地域の途上国支援に乗り出し、その後、対象国や規模を拡大しながら、今日まで世界各地で協力の実績を積み上げてきた。西洋列強の圧力に耐えつつ近代化を成し遂げた、みずからの経験を踏まえ、現地の人々との信頼関係に基礎を置く協力姿勢は、多くの国から好意的な評価を得ている。

その相手の立場を重んじる手法は、自由主義や民主化などの価値の普及を目指す欧米や自国の経済的利益を求めがちな新興国の開発援助の姿とは趣を異にしており、まさに日本らしい協力のかたちとなっている。

しかし、そうした日本独自の途上国支援のあり方、すなわち日本型開発協力は、今、岐路に立っている。その背景にあるのは、気候変動対策や平和構築など、開発協力の目的が多様化していること、途上国の現場で新興国の存在感が大きくなっていること、そして、流動化する国際秩序のなかで、日本の安全保障環境が緊迫の度合いを増していることである。

折しも、2023年半ばに発表される新「開発協力大綱」では、自由で開かれた国際秩序が「重大な挑戦」にさらされていると表現し、日本の強みを生かした積極的な途上国支援の展開が謳われる見込みである。これに従えば、開発協力の実施において、国際社会への貢献と自国の安全保障の確保を両立させることが強く要請される状況にある。

他方、持続可能な開発目標（SDGs）が2015年の国連サミットで採択され、企業活動や学校教育に広く浸透したこともあり、途上国の実情は多くの人々にとって身近な関心事となってきた。SDGsの各目標は、途上国の開発課題に直結しているが、昨今の国際情勢は、世界規模でのSDGs達成を困難にしつつある。

本書は、以上のような現状を踏まえ、「日本の途上国支援はどうあるべきか」「はたして日本は途上国からの期待に応えていけるのか」を主題として論じていくものである。

途上国の社会経済基盤は一般に脆弱であり、大国どうしの争いや思惑に左右されやすい。ロシアのウクライナ侵攻で甚大な被害を受けるのは途上国の人々である。物価高や食糧不足に悩む国々では、貧困層が拡大し、栄養不足に直面する子どもの数が増加している。途上国支援に携わる者としては、現状を少しでも好転させたいという思いが強くなるばかりである。

事態の深刻化に伴い、大国に翻弄される立場から脱却すべく、途上国の結束を強化する動きも顕著になってきた。それが「グローバル・サウス（南半球を中心とした途上国）」の活動であり、国際社会の新しい極として、発言力を増す取組みが盛んになっている。2023年のG20議長国は「グローバル・サウス」の代表格たるインドが務めており、途上国の声を大国に伝える役割を果たそうとしている。第二次世界大戦後に注目された新興独立国による非同盟運動の現代版が、その存在感を増す状況にある。

さらに、台頭著しい新興国による途上国支援の拡大は、世界の「開発協力市場」の勢力図を塗り替えつつある。特に中国の広域経済圏構想である「一帯一路」の推進は、先進国が構築してきた国際標準型の協力手法と競合し、大国間の勢力争いにも影響を及ぼしている。これに連動して、前述のように開発協力にも安全保障の色彩が加わり始めた。このように、途上国の影響力が増すなかで、日本の開発協力のあり方が改めて問われていると言える。

以上に基づき、本書では、途上国の特徴である権威主義と開発の関係（第1章）、日本が蓄積してきた協力手法の内容や特徴（第2章）、昨今の国際情勢を踏まえたインフラ協力の新しい価値（第3章）、新興国による途上国支援（第4章）、日本の実施体制の強みと課題（第5章）、日本らしい開発協力の展開（第6章）の順に記していく。

本書は、開発協力のあり方を主題にしているが、専門用語等は最低限にとどめ、国際問題や途上国に関心をもつ方々に広く読んでいただけるよう、平易な文章を心がけたつもりである。読者の皆様に少しでも参考になることがあれば幸いである。また、内容に筆者の意見や現場経験の記述が含まれるが、所属している国際協力機構（JICA）の組織としての見解ではないことをご理解願いたい。

なお、日本の途上国支援は、通常「政府開発援助（ODA）」の名称で呼ばれるが、外務省はその方針や実績を「開発協力大綱」や「開発協力白書」として公表しており、本書ではそれに倣って、「開発協力」という名称を使っている。時折、開発援助という呼び方も出てくるが、意味は同じである。また、本書の為替レートは、2023年2月末時点の1米ドル＝136・4円を使用している。

第 1 章

権威主義の台頭とSDGsの危機

2022年6月以降パキスタン各地で発生した洪水(AFP=時事)

1 権威主義と途上国

†「体制間競争」

アメリカと中国の対立は「体制間競争」と評される。民主主義国と権威主義国の覇権争いの構図である。欧米とロシアの現在の関係も同様の図式で語られる。ロシアのウクライナへの軍事侵攻は、権威主義国の暴挙であり、民主主義への挑戦だとする論調である。

世界各国の政治体制は実際にどのようになっているだろうか。民主化の程度を分析しているスウェーデンのV‐Dem研究所の最新報告書(2022年版)によれば、世界の約半分の国は権威主義国に該当する。同研究所は、国の政治体制を「自由民主主義」「選挙民主主義」「選挙独裁主義」「閉鎖型独裁主義」の4つに分類し、調査対象全179か国のうち、計94か国を後者2つの独裁主義に色分けしている。人口にすると、世界の約7割にあたる57億人がこれら独裁主義国に住んでいることになる。

一方、民主化が最も進んだ「自由民主主義」に該当する国は34か国にとどまる。人口にすると、世界のわずか1割強であり、日本のように人権の尊重や表現の自由などが保障されている国は、世界では少数派になっている。最近の傾向では、その数が減少しつつあり、最も多かった2012年の42か国から、過去10年間で8か国の減となった。

国数で世界の約半分を占める独裁主義国であるが、過去50年の間に「閉鎖型独裁主義」の国は顕著に減少してきた。一党制や軍事独裁の国々は、1970年代の87か国から近年30か国程度にまで減った。台湾や韓国の例を出すまでもなく、独裁主義から民主的な体制に移行した国々は確かに存在した。

しかし、最近では、独裁体制に戻る国が増えつつある。2021年だけで、ミャンマーを含む4か国で軍事クーデターが起こり、権威主義体制が敷かれた。また、V-Dem研究所の報告書は、民主主義国の中でも、結社や表現の自由に対する抑圧が増え、国民の分断化が進んでいることに警鐘を鳴らしている。

この「体制間競争」の構図に異を唱えているのが中国である。確かに中国はアメリカに対峙する姿勢を明確にしている。しかし、その自画像は、途上国の代表として先進国に挑もうとする姿である。体制の違いに焦点を当てるのではなく、先進国と途上国の関係に落とし込んで、新たな国際秩序の構築を中国が担うとする考え方を標榜（ひょうぼう）する。

2022年の共産党大会で、習政権は「中国式現代化」を打ち出し、国家にはそれぞれの実情に即した発展形態があることを強調した。また、王毅外相（当時）は、同年のアセアン（東南アジア諸国連合）事務局での講演で、国際秩序形成にアジアの声が必要であることを訴え、地域主義の原則として「和平、発展、自主、包容」を求めた。この中には、自由や人権など、欧米が求める西欧的価値は含まれていない。すなわち、国家の体制は各国が決めるべきとする含意を強調する内容になっている。

†途上国と大国の関係

政治体制の分類は、先進国と途上国の関係に大きく重なる。すなわち、民主主義国の多くは先進国であり、権威主義体制を敷く国々のほとんどは途上国である。その一端を表したのがグラフ1-1である。俗に「先進国クラブ」と呼ばれる経済開発協力機構（OECD）の38か国、アセアン諸国（ブルネイを除く9か国）、BRICSを構成する5か国を対象に、縦軸に所得の大小、横軸に民主化の度合いを示した。一目で明らかなように、自由民主度の高い国は、ほとんどが高所得の先進国となっている。

中国やロシアは先進国の仲間入りを果たしていないが、軍事力や経済力にすぐれ、国際社会に大きな影響力を持つ大国である。しかし、同じ権威主義国に分類される多くの国々は所得が低く、外交力に乏しい小国に位置づけられる。現在、世界の約7割の国々は、このような途上国かつ小国であり、政治体制や主義にかかわらず、欧米を含む強国間の争い

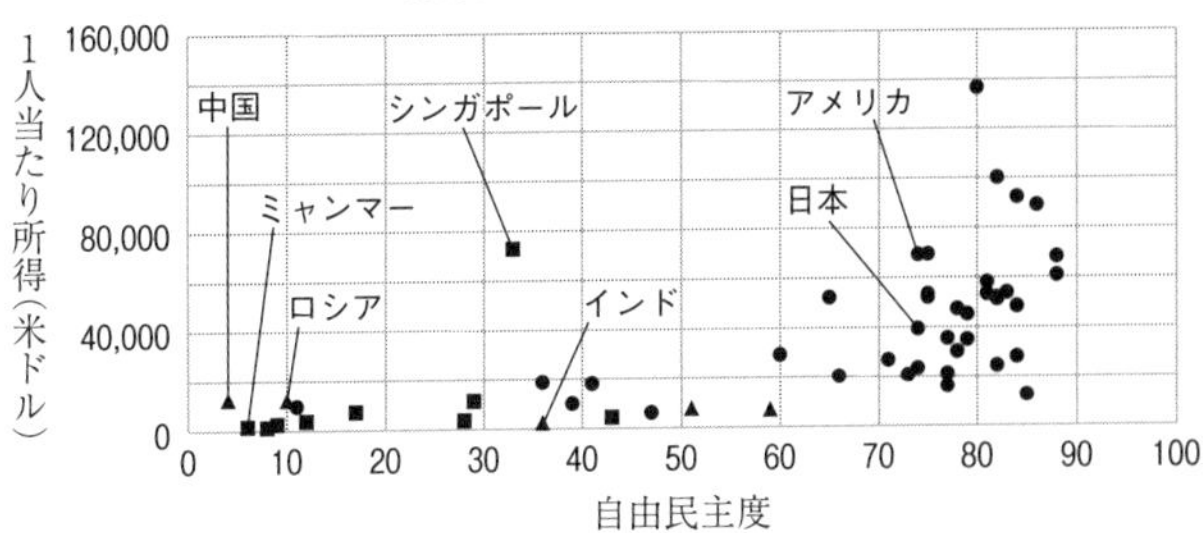

（出所：V-Dem 研究所（2022）および国際通貨基金（IMF）資料より作成）

グラフ1－1　自由民主度と所得

に翻弄される脆弱な立場にある。

ロシアによるウクライナ侵攻は、明確な国際法違反であり、権威主義国の横暴と言える。力のある大国が他国の領土を侵害する行為は、帝国主義時代を想起させる。これに対し、日本を含めた先進諸国は、ロシアへの非難を強め、経済制裁を科している。２０２２年３月の国連総会緊急特別会合では、対ロシア非難決議が賛成１４１、反対5、棄権35の圧倒的多数で可決された。途上国を含む多くの国々がロシアの侵攻を蛮行と見ている証拠である。

しかし、この投票行動におけるアフリカ54か国の対応を見ると、賛成28、反対1、棄権17、無投票8であり、賛成票はほぼ半数にとどまる。棄権した国々には、アフリカ連合（ＡＵ）議長国のセネガルやＢＲＩＣＳのメンバーである南アフリカなどが含まれる。これらの国々は、「ウクライナの紛争は覇権をめぐる大国間の代理戦争であり、それらの大国とは一線を画す非同盟運動の立場をとる」との意向を表明している。大国の動向に振り回されることを嫌い、自国の利益確保を重視する姿勢である。

アフリカでは、各国がそれぞれの事情を抱える。ロシアに食糧や肥料を頼る国もあれば、軍事クーデターが成立したマリのように、旧宗主国のフランスに代わり、ロシアに軍事支援を期待する国もある。軍事面を見ると、ロシアはアフリカに対する最大の兵器供給国になっている。ストックホルム国際平和研究所によれば、2010年から2021年におけるアフリカ諸国の武器輸入のうち、37%がロシア製である。ロシアからの兵器購入額が大きい国は、アルジェリア、エジプト、アンゴラ、マリ、スーダン等であり、エジプトを除き、国連の投票では、これらの国々は棄権か無投票であった。

他方、ロシアに対する制裁として、欧米諸国が同国からの原油や天然ガスの輸入に制約を加える中、代わりにインドや中国が主な輸出先となった。インドは、2022年のロシアからの輸入額が前年比で3倍以上となり、特に原油輸入が同4倍以上に膨らんだ。中国も同年の対ロシア貿易が過去最大額を記録した。インドの高官とこの件について話をした際、「ロシアの侵攻には賛同しないが、資源を最も合理的に調達するのが政府の役割である」と主張した。その際、「日本もサハリン2から液化天然ガス（LNG）を輸入し続けているではないか」との問い詰めも受けた。

2022年10月には、ロシアによるウクライナ東部・南部4州の併合を無効とする国連決議が143票の賛成で採択された。インドと中国は3月の投票のときと同じく棄権し、アフリカでは、半数近くの計24か国が棄権か無投票となった。ロシアに食糧や兵器を頼る国々は、大義の観点だけでロシア非難の立場をとるわけにはいかない。原油価格の高騰が国民の死活問題となる国にとって、ロシアからの輸入が滞れば、国内に大きな混乱を来たすことになる。

インドを含め、途上国の国々には、西欧流の価値規範を押しつけ、実力行使に出る欧米に対して根強い不信感がある。イラク戦争、パレスチナ問題、アフガニスタンへの軍事進攻など、アメリカを中心とする先進国の武力介入が各国に混乱や疲弊をもたらしたことを途上国の為政者は熟知している。干渉に翻弄された過去の教訓に基づき、大国に従うだけでは国益が守れないとの危機感は強い。このような状況下、大国に対峙する新たな力の結集を図る動きが「グローバル・サウス」の形成である。

†「グローバル・サウス」の意味

2023年1月、インド政府は「グローバル・サウスの声サミット」をオンラインで開催した。120か国以上の途上国を招待し、食糧危機、エネルギー確保、物価高騰、債務問題などについて意見交換を行った。インドは、2023年のG20議長国であり、南半球を示す「サウス」の声を集約し、G20の議論に反映させることが、このサミットの題目であった。

冒頭の挨拶でインドのモディ首相は次の点を強調した。(1)「サウス」の国々が声を上げ、新たな国際秩序の形成に努力すること、(2)国際社会の課題はそのほとんどが「サウス」以外の国々によって作り出されてきたこと、(3)インドは長きにわたり、開発の経験を「サウス」の国々と共有してきたこと、(4)各国が開発の成果から排除される理由はないこと、(5)「サウス」の優先課題を国際社会の議題として取り上げていくこと、(6)すべての国の主権、法の支配、紛争等の平和的解決を尊重すること、の諸点である。

「サウス」は南半球を指すが、地理的な意味ではなく、途上国一般を意味している。歴史的に欧米の植民地であった国々であり、1960年代に注目を集めた非同盟諸国がこれに重なる。当時の新興独立国を中心に、東西冷戦時にどちらの陣営にも属さない第三極として、非同盟運動が展開された。ただし、非同盟諸国の間で統一的な合意形成が困難であったことや経済力不足などにより、その動きはやがて下火となっていった。

最近になり、大国どうしの「体制間競争」がもたらす負の影響に直面する途上国は、結束の強化を通じて、国際社会の多極化に意義を見いだしつつある。「サウス」の代表格たるインドがG20議長国を務めることで、今後その存在感が高まることは間違いない。アメリカ、ロシア、中国も「サウス」の声を軽視できず、自らの陣営への巻き込みを図ることに躍起となっているのが現状である。

「サウス」の結集で微妙な問題がインドと中国の関係である。インドの開催したサミットには中国は参加しなかった。両国は国境問題で係争関係にあり、特にインド国民の中国への感情悪化は顕著である。不参加の理由は明らかにされていないが、アメリカとの対立が深まる中、「サウス」を巡る主導権争いをインドと演じれば、新たな対立軸を生み出すとの懸念が中国当局にあったものと推察される。実際、「サウス」の国々の中でインド派と中国派に分断が生じる可能性は否定できない。

民主主義国と権威主義国の「体制間競争」は、このように大国と途上国の関係に新たな緊張をもたらし、後者が結束を強化する動きになっている。競争や紛争の影響を受ける側の「サウス」の国々は、自国の生き残りをかけて、国際社会での発言力を高めようとしている。他方、過去に途上国の立場を経験している日本は、そのような状況を「自分ごと」として理解することが可能な素地を有する。その意味で、欧米とは一線を画した「サウス」への対応を検討できる数少ない先進国と言える。

国際秩序が変容しつつある昨今、日本を巡る環境も厳しさを増しており、途上国への向き合い方が重要な課題となっている。「サウス」の代表格であるインドは、日本が掲げる「自由で開かれたインド太平洋（FOIP）」の同志国であり、折しも2023年のG20議長国の任にある。同じく、G7議長国を務める日本は、同年半ばに「開発協力大綱」を改定し、途上国支援の強化を図る方針を打ち出す予定である。途上国への働きかけや支援手法を再構築する時期として、まさに必要な環境が整いつつある。

†日本の民主化支援

国際社会で民主主義の価値が改めて強調されたのは、冷戦の終結後である。1990年のヒューストンサミットでは、20世紀最後の10年は「民主主義の10年となるべき時期」と宣言された。ソ連の解体を経て、民主主義と市場原理が補完し合う国造りが新たな潮流となった。日本の「ODA白書（現・開発協力白書）」に民主化支援が言及され始めたのは、1990年代前半である。

他国に民主化を促す手段は、いくつかの類型がある。外交経路を通じた「説得」、開発協力を通じた「支援」、実力を伴う「介入」である。説得と支援は一体で行われることがある。「国民を弾圧し続ければ、支援規模を減らす」とする交渉である。他方、介入は、民主化を求める反政府団体の活動を支援する行為である。

介入の代表国と言えばアメリカであり、冷戦前の例では、中央情報局（CIA）が打倒カストロを標榜する反政府団体を支援したキューバでの軍事作戦などが有名である。冷戦後においても、中東のイラクやアフガニスタンに軍事介入し、権威主義体制を打倒し、親アメリカ政権の樹立を図ったことは周知の通りである。しかし、アフガニスタンでタリバンが復活したように、介入の成果は必ずしも芳しくない。

日本政府の対応は、基本的に説得と支援であるが、民主化の停滞や逆行が顕著な場合、実際に支援を停止する対応も行われてきた。代表的なのは、1988年のミャンマーや1989年の中国に対する開発協力の停止である。ミャンマーの場合、国内の民主化運動への弾圧とそれを契機とした軍事クーデターに対するものであり、中国の場合は、天安門事件への対応である。なお、ミャンマーに対しては、支援停止後も人道援助に限定された協力が続き、中国に対しては、翌年に停止解除に至っている。

両国以外にも、ハイチ、ケニア、スーダン、グアテマラ、ナイジェリア等、人権弾圧や民主化の停滞に対し、支援の停止が行われてきた。最近では、民主化が定着しつつあったミャンマーで起こった2021年の軍事クーデターに対し、新規支援の停止を決定している。イスラム主義勢力タリバンが同年に支配を握ったアフガニスタンに対しても同様であるる。このような措置の根拠は、日本の「開発協力大綱」が掲げる実施原則の1つに従来「当該国における民主化、法の支配及び基本的人権の保障をめぐる状況に十分注意を払う」と示されているためである。

しかし、権威主義体制のみに焦点を当てて、支援対象国から除外するわけではない。実際に、権威主義国に分類される中国に対しても最近まで協力を継続してきた。天安門事件の際も、日本は融和的対応を維持し、「西側諸国が一致して中国を弾劾すれば、中国を孤立においやり、長期的、大局的観点から得策ではない」とする方針であった。欧米諸国との単なる横並びで制裁措置を課すことに反対する姿勢をとっていた。

中国との関係は近年変わってきたが、日本は、他国に対して機械的に制裁を発動することには基本的に慎重である。途上国支援においても、1つの事象に即座に反応するのではなく、二国間関係を総合的に判断して対応するやり方を常とする。また、支援の継続により経済発展が促され、政治体制が民主化に移行する国は確かに存在する。経済発展と民主化進展の関係は、必ずしも証明されてはいないが、権威主義から民主主義に移行したアジアの国々（韓国、フィリピン、インドネシアなど）の例が代表的である。

開発協力の支援を通じて、民主化移行に直接寄与する方法には、法制度や選挙制度の整備、司法官や警察官の育成、女性の地位向上に関する教育等がある。いわゆる政府の統治能力（ガバナンス）の強化支援である。特に人権の尊重、法の支配、民主主義などを基調とする統治は「グッドガバナンス」と称され、その強化の一環として、民主化支援が位置づけられてきた。

しかし、国際機関や多くの先進国が「グッドガバナンス」強化の支援を行ってきたのにもかかわらず、権威主義国の趨勢は前述の通りである。中国の実情が示すように、途上国が求める経済発展と民主化の進展は正比例の関係とはなっていない。周知のように、民主化が進展しなくとも、経済成長に伴う中国の貧困層の減少は顕著であった。

また、「分断」という言葉に代表されるように、最近では、先進国の民主主義体制に課題が生じている。所得格差の拡大、富裕層の特権化、機会の不平等などの顕在化により、「自分の声が政治に反映されない」との考え方が拡大し、政党間の対立が深刻化する傾向にある。こうした状況に鑑みれば、途上国に民主化を要求する先進国には、民主主義の価値に加え、その実利と課題についても説得力のある説明が求められていると言えよう。

†途上国からの期待

２０２２年末に日本が閣議決定した「国家安全保障戦略」（以下、新安保戦略）では、基本原則として、自由、民主主義、人権尊重、法の支配などの普遍的価値を擁護するかたちで同戦略を遂行することが謳われている。これに従えば、日本の安保確保には、普遍的価値に基づく国際秩序の形成が必要であり、その実現には、世界で多数を占める途上国との協力が不可欠であることは明らかと言える。

新安保戦略では、目標達成のために外交力、防衛力、経済力、技術力、情報力を総動員すると記されている。その中で、外交力を発揮する有力な手段が開発協力であり、日本は長年の取組みにより、豊富な途上国支援の実績を有する。従来、東南アジアを中心に150か国以上の国々で開発協力を遂行し、各国の発展に寄与してきた。相手国の開発を第一義と考え、欧米諸国とは異なる「対等目線」での協力姿勢は、途上国側から高い評価を得ている。

近年、日本の協力は、温暖化対策やコロナ禍対策に代表される国際公益を重視するかたちで行われてきた。その基本方針はこれからも堅持される見通しである。他方、新安保戦略は、目的達成のために「開発協力の戦略的活用」が必要であると記している。これに従えば、今後は、日本の安全保障に直接貢献する支援を強化していく必要がある。

すなわち、途上国の国造りと日本の安全保障強化の双方を満たす支援のあり方が改めて問われている。例えば、その具体的な分野として、自由で公正な経済圏の拡大、地域の連結性向上、重要物資の供給網強化、海洋安全の確保等が挙げられる。また、新たな支援を展開するには、従来に増して、戦略的かつ能動的な行動が必要となる。

かつて、インドの友人は筆者に重ねて強調した。

「欧米と途上国を結ぶのは日本しかいない。アジアの気持ちがわかるのは日本だけだ。途上国のためにもっと奮闘してほしい。」

同様の意見は、他の国々でも何度か耳にしてきた。その期待を真摯に受け止め、日本の役割と責務を改めて認識し、戦略性の強化と実効性のある協力を開始する時期がまさしく到来している。

このように、途上国支援の意味が改めて問われている。本書の目的は、現在の国際情勢や日本の新安保戦略を踏まえ、日本型開発協力の総合力と実行力を論じたうえで、今後の途上国支援のあり方を示すものである。その前提として、まずは開発協力の意義や必要性を改めて理解するため、次節以降で途上国が置かれた現在の状況に焦点を当てる。多くの国々が苦悩している昨今、世界が取組んできた持続可能な開発目標（ＳＤＧｓ）の達成が危ぶまれている。まずは、悪化しつつある国際開発指標について見ていきたい。

2 国際開発指標の悪化

†到来した複合危機

途上国を苦しめる外的要因のうち、中長期で継続しているのが地球温暖化の影響である。気候変動による自然災害は世界各国に拡がっている。アフリカ東部では、2022年当初から約40年ぶりと言われる干ばつに見舞われた。エチオピアやソマリアなどの国々において、乾季が長く続き、飢餓に直面する住民が急増した。

国連によると、同年4月から6月のわずか2か月間だけでも、同地域で約700万人が新たに食糧不足に陥り、合計約1500万人が飢餓にさらされた。降雨不足で井戸が枯渇し、安全な水を入手できない世帯は約560万世帯から約1050万世帯に倍増した。同じ頃、西アフリカのブルキナファソやニジェールなどでも干ばつが長引き、食糧不足により飢餓人口の増加が顕著となった。

同年、国際社会で大きな注目を集めたのがパキスタンの洪水被害である。モンスーンによる豪雨は、例年の3倍の雨量をもたらし、国土の3分の1が水没する大災害となった。

死者数約1700人を含め、被災者は3300万人に上り、鉄砲水や浸水などにより、100万棟以上の家屋が倒壊した。道路や橋梁などの物的被害や農業生産の減少により、経済的損失は約152億ドル（約2兆700億円）に及び、今後5年間で必要な復興費用は約163億ドル（約2兆2200億円、国家予算の約1・6倍）と発表されている。この被害により、貧困人口が約900万人も増加し、本書執筆時点で数百万人に上る住民が避難所やテント暮らしを余儀なくされている。

この大災害は、同年11月にエジプトで開かれたCOP27（国連気候変動枠組条約第27回締約国会議）で取り上げられ、途上国の損失や損害を支援する「ロス&ダメージ」基金の合意につながった。先進国の人口割合は、世界の約15%であるのに対し、二酸化炭素累積排出量は世界全体の約60%を占める。パキスタンの排出量は、世界全体のわずか0・3%であるにもかかわらず、気候変動によって甚大な被害を受けている。この不公平な状況は看過できないとして、途上国の被災に対し排出量の多い先進国が支援を行うべきとの主張がCOP27で初めて採択された。「ロス&ダメージ」基金の詳細は、新たに設置される「移行委員会」で今後議論がなされる予定となっている。

途上国に甚大な影響を及ぼしている2つ目の外的要因は、世界を席巻したコロナ禍である。被害の深刻度は軽減しつつあるが、その衝撃度はすこぶる大きかった。感染拡大による健康被害はもとより、各国の行動制限や入国規制により、国際社会全体の経済需要が大きく落ち込んだ。その影響で、2020年は世界の経済成長率が第二次世界大戦後最大となるマイナス3・2%の落ち込みを記録した。この経済不況により、特に途上国を中心に貧困層の増加が顕著となった。

世界銀行（以下、世銀）によれば、コロナ禍の影響により、2020年だけで極度の貧困者数が世界全体で約7000万人も増加した。その多くはアフリカを中心とする途上国の人々である。貧困層拡大による影響は子どもにも及び、近年、減少傾向にあった児童労働者の数が過去20年間で初めて増加に転じている。国連機関の報告では、2020年の児童労働者数は、世界で1億6000万人に上り、経済不況が続けば、今後数年間で新たに約900万人もの児童が労働に従事せざるを得ない事態になると見込まれている。

温暖化とコロナ禍による深刻な影響に加え、さらに、外的要因としてロシアのウクライナ侵攻が重なり、各国は食糧やエネルギーの価格上昇に苦慮している。周知のように、小麦や天然ガスの価格は2022年半ばに過去最高値を更新する状況となった。これらの価格は下落傾向にあるものの、各国は依然として物価高騰に苦しむ状況にある。

国際通貨基金（IMF）は、2022年4月に先進国と途上国における同年の物価上昇率の見通しをそれぞれ5・7%、8・7%としている。前年半ばの予測では、途上国のインフレ率は3・8%であったが、わずか半年でプラス4・9ポイントの上昇幅となった。中には、年間インフレ率が300%以上のジンバブエ、200%以上のスーダン、80%以上のアルゼンチンやトルコなどの国もある。ちなみに、ジンバブエでは100兆単位のお札が出回っている。

†経済成長の鈍化と債務危機

この複合危機により、各国の実態経済は回復が鈍っている。特にウクライナ情勢が及ぼす影響で、世界経済の成長率見通しが順次下方修正されている。

世銀が公表した2023年1月の「世界経済見通し」によれば、先進国の経済成長率は、2022年の2・5%に対し、2023年は0・5%にとどまる。2022年6月時点での2023年の成長率の予測は2・3%であったので、わずか半年間で大きな下方修正となったことになる。また、中国を除く途上国の成長率を見ると、2022年の値は0%であり、2023年は3・4%が見込まれている。数字上では大きな回復となっているが、半年前の予測値に比べれば、これも0・8ポイント低い数字である。

コロナ禍の影響で、軒並みマイナス成長であった2020年の実績を考えれば、世界経済は回復途上にあることは間違いない。しかし、現在のウクライナ情勢が続く限り、成長鈍化は避けられない見込みである。成長を阻害する要因の1つが物価上昇であるが、その影響により、途上国では別の深刻な問題が顕在化している。すなわち、債務状況の悪化である。

物価上昇に直面する各国は、インフレ対策として金融引締めを行い、金利上昇の局面にある。そこに昨今のドル高基調が加わることで、途上国の債務返済負担が増加している。過去数年間だけでも、チャド、ザンビア、スリランカ、ガーナ等が債務不履行状況となり、広く「債務危機」と称される様相を呈している。

過去10年間（2011年から2021年）で、貧困国（計75か国）の公的対外債務残高は2倍近く増え、約6000億ドル（約82兆円）に達している。従来、貧困国の債務は公的機関から供与される譲許性の高い融資がほとんどであった。しかし、現在の債務残高の内訳では、民間からの直接借入および公的保証付き借入れが増えており、同期間に貧困国の抱える民間からの債務は約4倍に跳ね上がっている。すなわち、それだけ返済負担が増加している状況にある。

実際に、途上国の支払い額は増加傾向にある。世銀は、2022年の途上国全体の債務返済総額は620億ドル（約8・5兆円）に上り、前年比35％増と発表している。債務の多くをドルで借り入れている途上国は、昨今のインフレ進行で返済負担は今後も大きくな

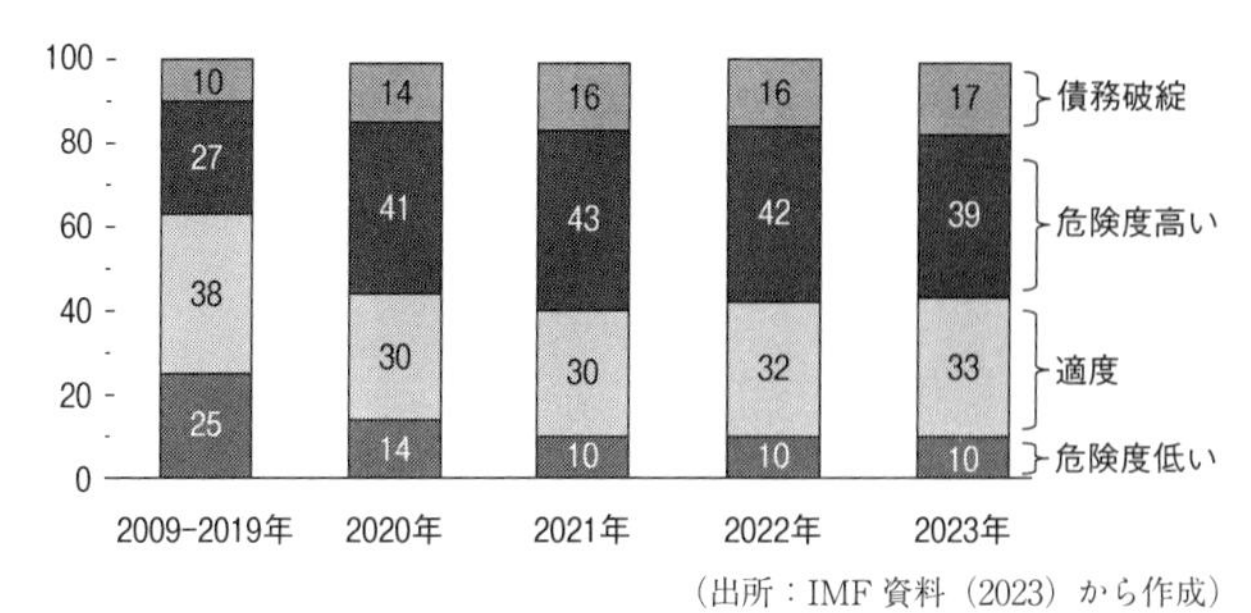

（出所：IMF 資料（2023）から作成）

グラフ１－２　低所得国の債務持続性評価（計69か国のうちの割合（%））

る見通しである。ＩＭＦの試算によれば、低所得国に分類される計69か国のうち、２０２３年には全体の56％が債務持続性に問題を抱える状況になっている（グラフ１－２）。

貧困国の債務構成では、中国をはじめとする新興国の割合が増えていることが特徴である。２０１０年には、その割合は全体の４割強であったが、２０２１年には7割近くまで増加した。この状況が債務負担の増加につながり、「債務危機」の要因になっているのは明らかである。

†国家破綻したスリランカ

債務不履行に陥った国の中で、日本と特に結び付きが強かったのはスリランカである。日本はスリランカにとって重要な貿易相手国（輸入は第7位、輸出は第11位）であり、かつ１９８６年から２００９年まで日本が最大の支援国であった。その関係に変化が生じ始めたのは、２００５年から政権の中枢を握ったラジャパクサ一族による政策である。

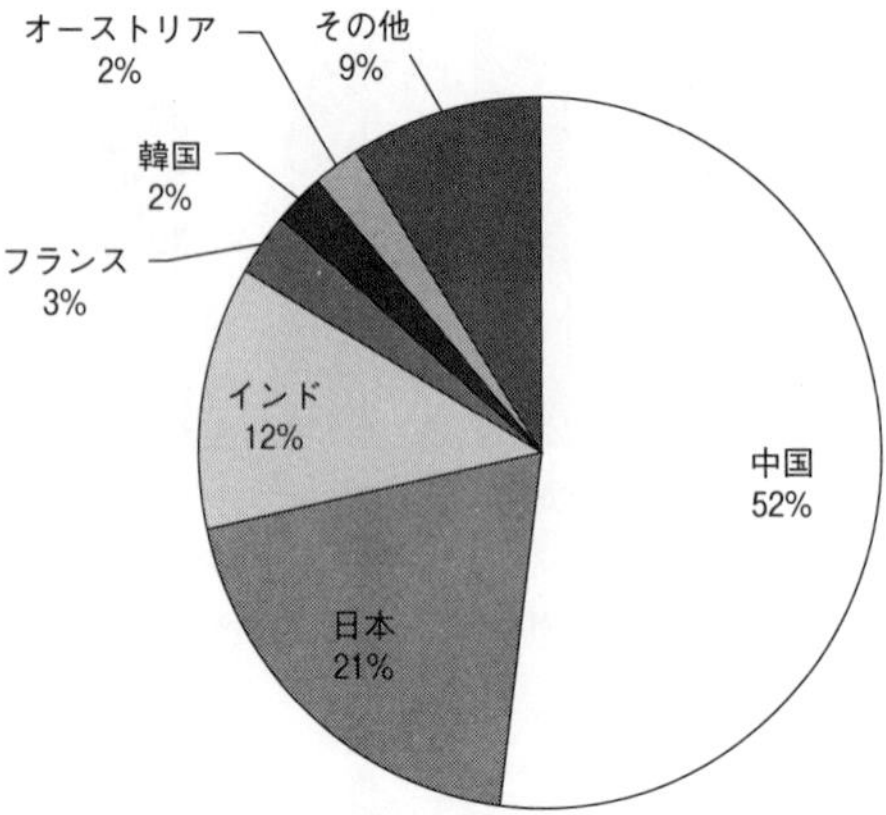

同政権は、中国との関係強化を図り、国内のインフラ開発を同国からの借入増加で進めた。最近では、対スリランカ支援額全体の約4割を中国が占め、債務返済額も増加した。2021年には、公的対外債務額全体の実に約5割を中国が占めている（グラフ1－3）。この債務増加により、国の返済負担を表す債務支払い額／輸出額（DSR）の値も急上昇し、2006年には10％を下回っていたが、2021年には30％を超える水準となった。国際的な基準では、DSRは10％程度が安全圏であるのに対し、最近はその3倍の域に達していたことになる。

（出所：スリランカ財務省（2023）等の資料から作成）

グラフ1－3　スリランカの二国間公的債務の内訳

2022年7月にウィクラマシンハ首相（当時）は議会で「国家の破産」を宣言した。直接の原因は外貨不足である。同年4月の時点で、外貨準備は約16億ドルとなり、輸入額の1か月分相当となっていた。外貨不足の主な原因は、債務返済額の増加に加えて、コロナ禍による観光業の縮小である。

同国の観光収入は、国家予算の約3割に相当する貴重な外貨獲得源であった。実際にコロナ禍前の2015年から2019年の5年間において、年間平均収入は約37億ドル（約5000億円）であったが、2020年、2021年はそれぞれ約7億ドル（約955億円）、約5億ドル（約682億円）まで落ち込んだ。さらにウクライナ情勢の影響でエネルギー価格が上がり、支払いに必要な外貨額が増えた。破産宣告の前の時点（6月）で、消費者物価は前年同月比で55％増加し、特に食品は80％増と急激な上昇となった。まさに複合的な要因が相まって、債務危機をもたらした構図と言える。

スリランカ政府は、ＩＭＦから29億ドル（約4000億円）の信用供与を受けるために税収増や電力料金の改定を掲げ、改革プログラムの実行を約束している。資金供与には、主要な債権者から資金保証を得る必要がある。公的対外債務の軽減については、従来、先進国が中心の債権国会合（通称「パリクラブ」）で合意がなされるが、スリランカの場合、非メンバーである中国やインドの債権額が大きいため、拡大版の折衝が続いた。このため、通常より交渉に時間を要することになり、2023年2月になってようやく債権国の基本合意に至った。

中国をはじめとする新興国からの借入を増やした途上国にとって、適正な債務管理の重

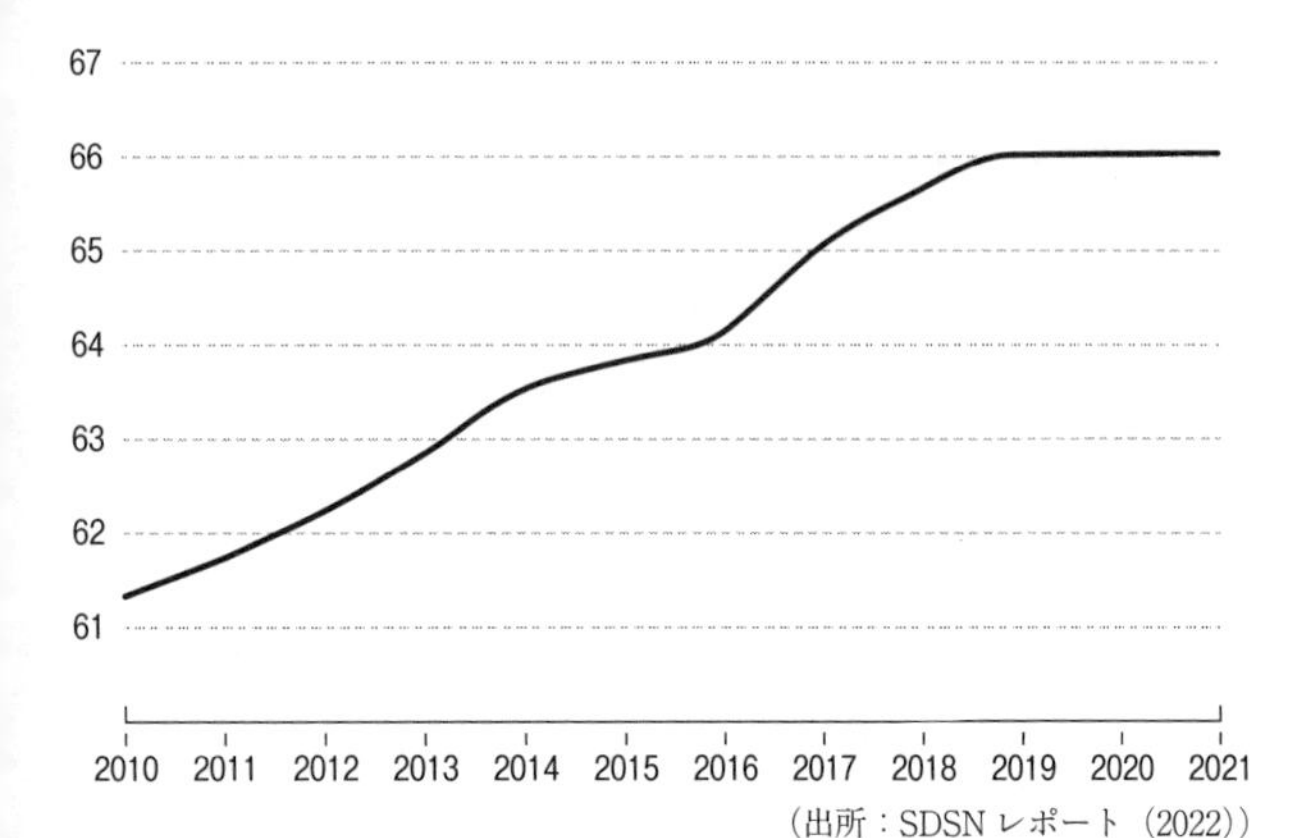

（出所：SDSN レポート（2022））

グラフ1－4　2010年以降の世界のSDGs達成度

要性がますます高まっている。他方、多くの国で主要債権国となっている中国やインドの役割が途上国の債務削減交渉において重要になっている。フランスと中国が主導したザンビアの債務再編交渉のように、先進国と新興国による新たな折衝の形態が根づき始めている。

†赤信号のSDGs

このような経済状況の悪化に伴い、SDGsの達成が危ぶまれている。グラフ1－4が示すように、2015年の開始から世界のSDGs平均達成率は毎年0・5ポイントの割合で伸びてきたが、新型コロナウイルスが蔓延（まんえん）した2019年からは2年連続で進捗が停滞している。17の目標のうち、特に「貧困のない社会（SDGs1）」や「ディーセント・ワーク（働きが

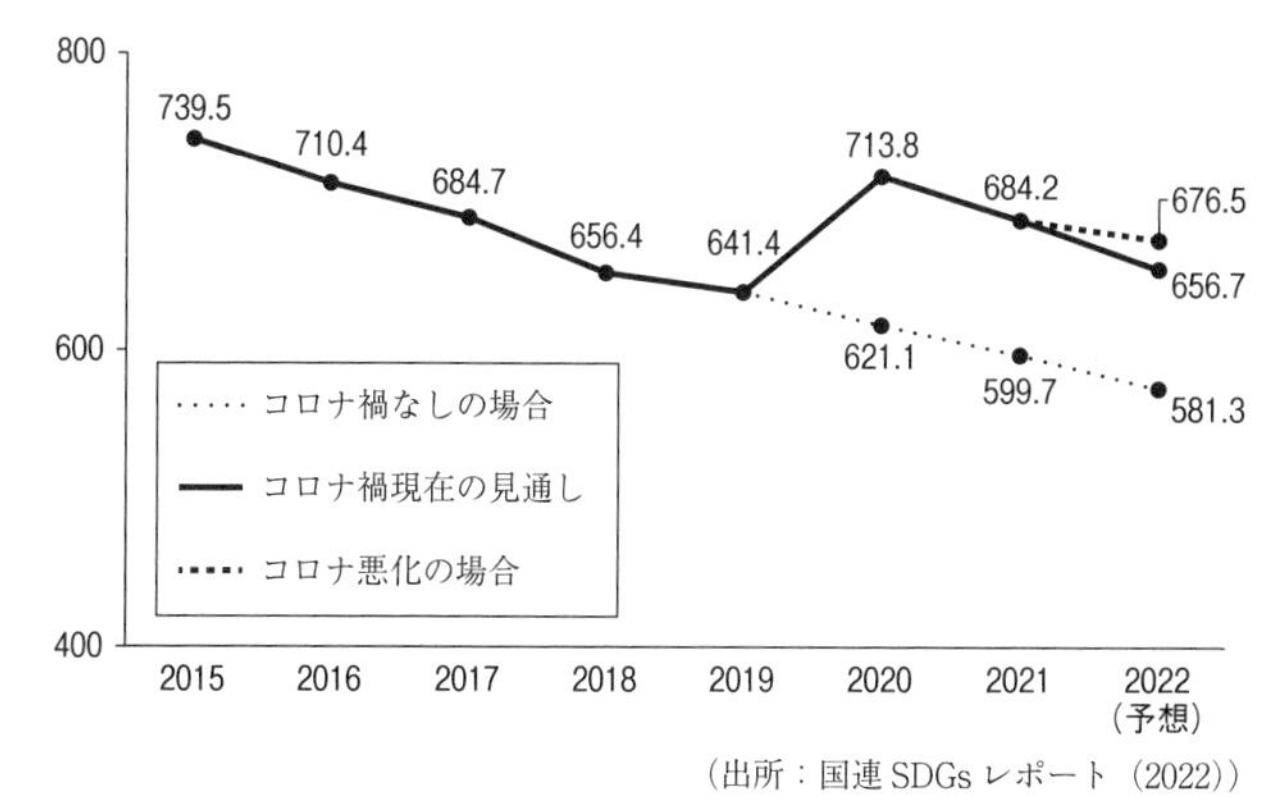

（出所：国連SDGsレポート（2022））

グラフ1－5　2015年以降の貧困人口の推移と見通し（単位：100万人）

い）と経済成長（SDGs8）」は、コロナ蔓延前の水準まで悪化する事態となっている。

貧困人口について見ると、2015年からコロナ蔓延前の2018年の間、世界の貧困率は大きく減少し、最貧率は10・1％から8・6％に低下していた。これは、1日1・90ドル未満で生活する人々の数がこの期間に約7億4000万人から約6億5600万人に減ったことを意味する。すなわち、途上国を中心に世界で8000万人以上が最貧状況から脱出していた。

しかし、コロナ禍の甚大な影響により、2019年から2020年にかけて、世界の最貧率は9・2％へと急激に増加した。国際機関の統計では、1998年以来初めて貧困層の数がプラスに転じ、その増加率は過去30年間で最大となっている。グラフ1－5が示すように、コロナ禍の影響がなければ、2022年には貧困人口が6億人弱まで下がるとの見通しであったが、実際はそれより約7500万人多い状況となった。これは、過去4年間の減少がほとんど帳消しとなる規模である。

ウクライナ情勢を主な要因とする食糧価格の高騰が続けば、貧困率の数字はさらに悪化する可能性が高い。すなわち、このままの状況が継続すれば、2030年までに「極度の貧困に終止符を打つ」という目標の達成は、より遠のくことになる。

貧困層が増えた理由の1つは、失業や収入減である。最貧国群の失業率は、2019年から2021年までに4・6%から5・6%へと上昇した。この影響により、極貧層に属する世界全体の労働者の割合は、2020年に7・2%となり、前年の6・7%から0・5ポイント増加した。これは実に20年ぶりの現象であり、失業率の値は、いまだコロナ蔓延前の水準に戻っていない。

飢餓の状況も深刻である。2021年に飢餓に直面した人々は、2019年に比べて1億5000万人以上も多くなった。食糧価格高騰の影響を受ける国の割合は、2019年には全世界の16%であったが、翌年47%にまで大きく上昇し、ウクライナ情勢による食糧供給網の制約がこの状況をさらに悪化させている。

特にサブサハラを中心とするアフリカでは、前述のように干ばつ等の影響で食糧不足が深刻となっている。ＳＤＧｓでは、２０３０年までに栄養不良をなくす目標を立てているが、栄養不足による子どもの発育障害を同年までに半減するには、現在の2倍以上の年間減少率を達成する必要がある。

このように、多くの国でＳＤＧｓの進捗が減速しているが、先進国と途上国の間で目標の達成度に格差があることは留意すべきである。概して、外部環境に脆弱な途上国における各目標の達成度は低い。中でも最貧国に分類される国々は、外部要因による複合不況に大きく翻弄されている。現在の目標達成度が世界平均（66）以下の国々（最貧国のほとんど）は、２０３０年までの目標実現は非常に困難な状況になっている。

日本では、行政、企業、非営利団体、各家庭にＳＤＧｓが浸透し、国全体で達成に向けた取組みが行われている。現在の達成度は79・6で、国別ランキングでは、１６３か国中19位の順につけている。ＳＤＧｓが地球規模での取組みであることを改めて認識するならば、特に途上国が直面している深刻な状況に注意を払うことが肝要と言える。日本がＳＤＧｓ先進国として、また、開発協力大国として、国際社会に貢献する余地は大きくなっている。

3　ミャンマーの現状と開発協力の行方

†軍部の大義

権威主義国と言えば、軍事政権の国々が思い浮かぶ。東南アジアでは、2021年2月の軍事クーデターにより、ミャンマーが「再び」その仲間入りをしている。国の最高指導者であり、民主化の象徴だったアウンサンスーチーを拘束し、当日は銃弾が飛び交うことなく、軍は政府中枢を掌握した。

スーチー率いる国民民主連盟（NLD）が政権を樹立したのは2016年3月である。民主的な政権の樹立は国際的に歓迎され、「アジア最後のフロンティア」として開発協力や民間投資が活発化した。それがわずか約5年間で軍事政権に戻り、抵抗を始めた市民に実弾発砲を含む暴力的な対応が行われている。治安の悪化に伴い、経済は停滞し、開発協力も既存事業や人道分野の支援を除いて、実質停止している状況にある。

そもそもミャンマーは、1948年1月の独立から2022年末まで、その大半が軍事政権の国であった。軍が国を統治した期間は実に計53年間に及ぶ。独立後、1960年までの間に公正な国政選挙が行われていた時期があったが、１９９０年以降はわずか4回しか行われていない。しかも、２０１０年の選挙にはＮＬＤは参加せず、１９９０年と２０２０年に行われた選挙は軍の干渉で結果が無効とされた。

今回のクーデターはなぜ起こったのだろうか。２０２０年11月に行われた連邦議会と地方議会の選挙でＮＬＤは大勝していた。その選挙結果が不正だったとするのが軍の主張である。一方、ＮＬＤが２０１６年に政権を握ってから、軍の権力や政治への介入を弱める取組みを進めたことで、双方の不信感は高まっていた。

例えば、国防予算の抑制である。軍事政権による民主化移行政策が本格化した２０１１年の国防予算は全予算の14・5％であった。しかし、その後政権を握ったＮＬＤの主導により、２０２０年までに同予算は10・3％まで減少した。また、現役軍人が大臣を務める内務省傘下で地方行政を担う総務局を２０１８年に連邦政府省に移管した。総務局は地方の各省出先機関を管轄し、軍事政権当時に治安維持で権力をふるった機関である。それをＮＬＤが掌握する役所の下に置いた。

このような権益争いは、民主化移行を容認した軍の意向とは異なるものであった。２０１１年から２０１６年までの民政移管を担ったテインセイン政権時には、政府幹部の多数は退役将校であり、ＮＬＤが政権を握った後も、同じ体制の継続が期待されていた。それが政府中枢ポストや地方の知事職から軍出身者が外され、上述を含む軍の関与を弱める施策がとられた。さらに、NLDは軍の政治関与をなくすことを目指して、憲法改正を2020年の選挙公約に掲げていた。

現状において軍が目指すのは、端的に言えば、NLDの排除と軍が実質的な権力を持つ政権の運営である。その背景には、国家の安全保障を第一義とする軍の大義がある。国内には少数民族の武装勢力が20以上存在し、国土の一部がその実効支配下にある。また、国土防衛の観点で、外国の介入を排除する意識がいまだ強い。

軍では「国家の3つの大義」がプロパガンダとして使われている。「連邦分裂の回避」、「国民統合の維持」、そして「主権の永続性」である。これらの大義は、少数民族の武装勢力拡大、民主化運動による国家統制の脆弱化、さらに外国勢力の進出を国の脅威として念頭に置くものである。

2020年の総選挙は、NLDの圧勝であった。上院選挙は161議席中138議席、下院選挙は315議席中258議席を獲得し、2015年の総選挙時よりも6議席増やした。これに対し、軍系の政党である連邦団結発展党（USDP）は上下院合わせて議席を41から33に減らす結果となった。NLDが議席を減らすと予想していた軍としては、衝撃の結果だったと言える。

†孤立する国家

軍事クーデターが起こった2021年2月1日は、連邦下院議会招集の日である。軍は、不正選挙による議会成立が国家の危機にあたるとして、非常事態を宣言した。前日までNLDと軍の間で交渉が続いたが、票の再集計や議会招集日の延期を求める軍の要望は無視された。NLDは、軍への事前連絡なしに議会招集を発表したため、それがあらかじめ準備されていたクーデター計画を実行に移す引き金になったとされる。

クーデター後、軍の横暴に抗議する市民デモや医療従事者の職務放棄に代表される不服従運動が本格化し、それらを封じる軍の弾圧が始まった。デモ隊の強制排除に警察や軍の実弾使用が許され、同年4月までの約2か月で約700人の犠牲者が出た。抗議活動が盛んだったチン州やカヤー州などの地域では、軍による村落の破壊が行われた。

軍の横暴に対抗すべく、クーデター直後にNLD議員を中心に国家統一政府（NUG）が結成され、武装闘争のため、人民防衛軍と称する軍事部門も組織化された。「ミャンマー最強の民族武装勢力」と呼ばれたカチン独立機構（KIO）や2015年の停戦合意まで長年政府と争ってきたカレン民族同盟（KNU）がNUGと共闘している。このため、軍とNUG側が武装衝突する回数は、NUGが「自衛のための戦い」を宣言した2021

年9月以降、毎月数百を超える規模で推移している。

残虐性を伴う軍の弾圧は、国際人道法を逸脱しており、国際社会の批判を浴びている。国連総会は2021年6月の決議で平和的なデモ隊への暴力停止やスーチー氏の即時解放を求め、全加盟国へミャンマーへの武器流入を防ぐよう要請した。また、アセアンは、同年4月に⑴暴力の停止と自制、⑵全勢力による対話の実現、⑶議長国の特使による仲介、⑷アセアンによる人道支援、⑸全勢力との対話に向けた特使のミャンマー訪問、という「5項目コンセンサス」を発表した。

さらに、アメリカ、英国、カナダなどが軍幹部や関連企業を対象にした経済制裁を科している。海外の開発協力機関は新規の支援を事実上停止し、国民の生活維持を目的とした人道援助のみを実施している。クーデター後の治安悪化の影響もあり、国内経済活動は停滞し、2020年の経済成長率はマイナス18%（世銀）となった。国連の推定によると、貧困家庭の数は、国内全体の約半分に達している状況にある。

このような国際社会の圧力や国内環境にかかわらず、軍の対応に大きな変化は見られない。アセアンは、2022年11月の首脳会議時点で「5項目コンセンサス」にほとんど進展がないことを憂慮し、履行を促進するため具体的な実施期限を設けることで合意した。しかし、軍の最高司令官であるミンアウンフライン上級大将は「当事国が関与していない議論や決定には反対する」と強く反発している。

外国企業の撤退も顕著となっている。日本のキリン・ホールディングスや三菱商事、天然ガス事業に従事するトタルエナジーズ（仏）やシェブロン（米）、たばこのBAT（英）や食品のメトロ（独）などの大企業が続々とミャンマーから退くことを表明している。55社の日本企業を含む約100社の外国企業が進出する首都近郊のティラワ経済特区では、2022年10月時点で稼働率が5割を超えるのは、全体の半分程度となっている。

軍の弾圧強化が続き、国内の治安が不安定なままでは、経済活動が滞り、国の財政にも影響が出る。経済制裁や外国投資の減少が続けば、貿易赤字が拡大し、国際収支も悪化する。通貨安や物価高が国民の生活を圧迫し、電気や水道の公共サービスもおろそかになり、さらに反軍デモが拡大する可能性がある。

軍は、2023年1月に非常事態宣言の6か月延長を決定した。今の状況が続く限り、軍が表明する2023年8月までの総選挙実施は可能性が低く、国際社会からの孤立がさらに進む見通しとなっている。

†開発協力の経緯と現状

ミャンマーへの開発協力は日本の戦後賠償から始まっている。賠償の対象国は最終的にビルマ、インドネシア、フィリピン、ベトナムの4か国であり、その中で賠償交渉が最も早く妥結したのが当時のビルマであった。ビルマは、賠償の方式として、サンフランシスコ平和条約で合意された役務提供型より、生産物の資機材供給を要望し、同時に国内のインフラ整備への協力を求めた。このため、1954年に調印された合意書は賠償と経済協力を一体化した内容となっている。バルーチャン水力発電や家電等の組立て事業が初期の対象であった。

その後、円借款などの資金協力を中心に運輸や電力の事業を対象とした開発協力が本格化した。1988年当時、外国政府からの支援総額のうち、日本は約8割を占めていた。同年9月の軍事クーデターにより、海外からの協力が細る中、日本は翌年に軍事政権を正式に承認し、小規模ながら支援を継続した。当時の日本には、アジア的な宥和の精神やミャンマーの地政上の重要性に基づき、それまでの関係を継続し、将来の経済開発につなげる意図が存在した。

日本政府は協力を拡大する機会を引き続き模索したが、そこにはいくつかの壁が存在した。例えば、軍事政権への国際社会の風当たりは強く、協力拡大に対するアメリカからの後ろ向きの反応や当時軟禁状態におかれていたスーチーの反対を無視できなかった。また、軍事政権が円借款の返済を基本的に停止していたために、新規の資金協力は困難であった。

2011年に軍出身のテインセイン政権が発足し、民主化移行が開始された当時、約2700億円の元本延滞が生じていた。

ちなみに、筆者がミャンマー担当だった2000年代半ば、最初の仕事は債務継続の交渉であった。債権の時効が中断しないよう、返済義務を認める書類の提出をミャンマー政府に求めるものである。遷都したばかりのネピドーで財務計画省の担当局長に会った際はいささか拍子抜けした記憶がある。なぜかといえば、時効中断に関しては、間髪をおかず「了解」と回答し、「必要書類もすぐ送る」という淡々とした反応であったからである。ただし、「政府の方針でお金を返すことはしない」との断り付きだった。

2011年からの民主化移行プロセスに沿って、開発協力の本格再開が議論され、債務解消の手続きも進んだ。国際協力機構（JICA）は、日本政府の方針に従い、円借款の延滞元本2735億円のうち1598億円を円借款の実質的な借換で解消し、残り1137億円の債務は免除した。また、金利支払いと遅延損害金も免除することで、新規円借款の供与を可能とした。国際機関であるアジア開発銀行（以下、アジ銀）と世界銀行の延滞債務計約9億ドルも、日本の金融機関がミャンマーにつなぎ融資を提供することで解消された。これで国際社会からの融資再開が可能になったのである。

それ以降、日本からの協力は本格化し、インフラ整備や制度構築が進んだ。具体的には、

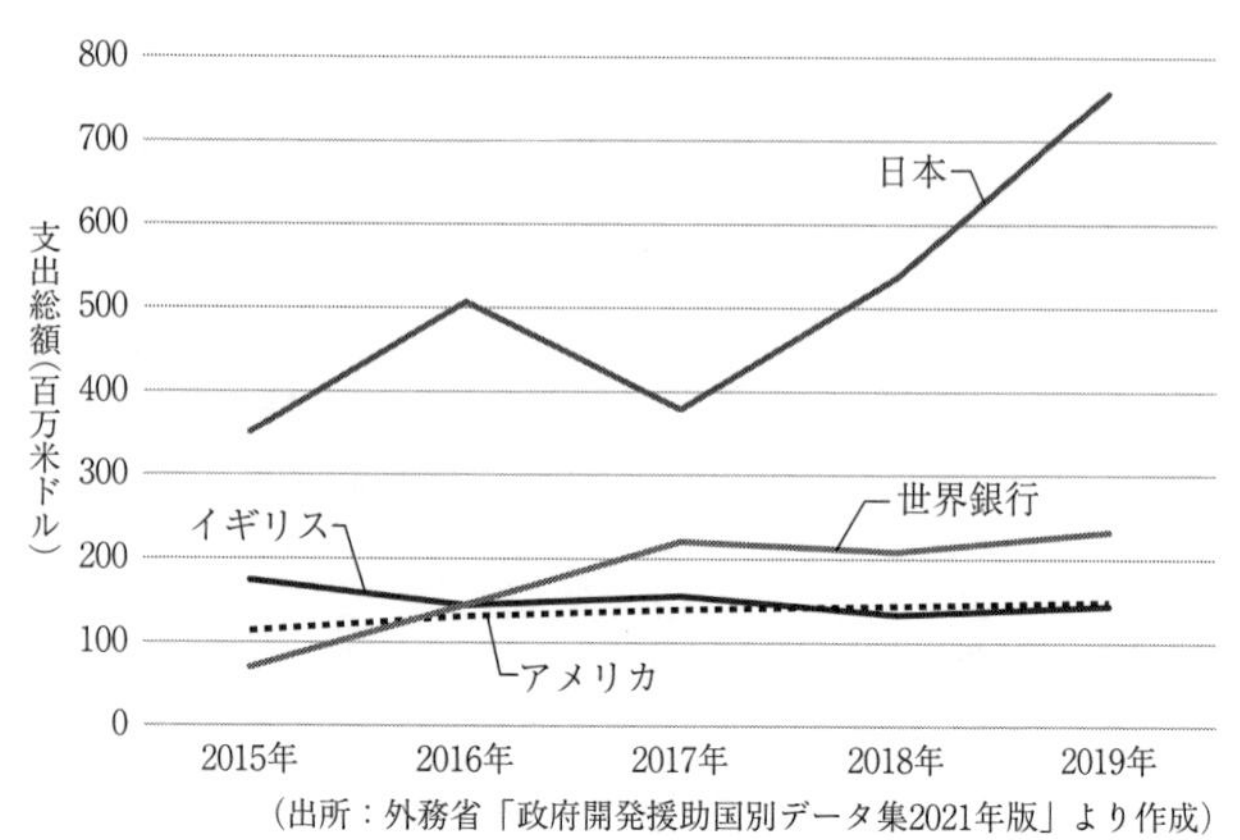

(出所：外務省「政府開発援助国別データ集2021年版」より作成)

グラフ1-6　主要国の対ミャンマー支援実績

ヤンゴン—マンダレー間の鉄道改修、全国基幹送変電施設の整備、ティラワ経済特区創設、中銀の証券決済の近代化、経済関連法令の整備、初等教育の課程作りの諸事業である。従来の細々とした支援で関係を継続したことが功を奏し、日本は開発協力で主要国の座に座ることになる（グラフ1-6）。

今回の軍事クーデターは、これら協力の蓄積が必ずしも国家の民主化定着に大きな効果を及ぼさなかったことを示している。鉄道や水道施設が整備され、国民の生活水準が向上しても、NLDが率いる民主国家としての体制強化には至らなかった。ここから得られる教訓は何であろうか。日本はどのように協力すればよかったのか。

†今後の行方

過去10年間の開発協力を振り返れば、日本はミャンマーの国造りに確かに貢献してきたが、民主主義体制の強化に対する影響力は限定的であったと言える。国会議員の一定数は軍出身者が占めており、国全体の治安維持等には軍や警察の大きな影響力があった。しかし、ＮＬＤの政策に合わせるかたちでその権益を縮小する協力はしなかった。人権拡大を訴えるアドボカシー型の非営利団体等への協力や治安上の脅威となっている少数民族を対象とする協力も限られていた。伝統的に、日本は国際法上の内政不干渉の原則に忠実であり、政治性のある分野への「過度」の関与は控える傾向にある。

他方、支援規模の拡大が早すぎたとの見方もできる。長らく国際社会との接触を限定し、閉鎖的な国家運営をしてきたミャンマーに対し、日本の支援規模の拡大は急速だった。公共事業を実施する場合、所轄の官庁に実施能力がなければ事業は円滑に進まない。国際競争入札を基本とする円借款の実務をこなすには、相応の能力強化が必要である。公務員の実務能力を向上させつつ、ＮＬＤ政権の下、行政能力に見合った協力規模と内容が吟味される必要があった。

さらに、企業のＥＳＧ（環境、社会、企業統治）投資やサプライチェーンにおける人権重視の規範が拡大する中、公共事業における軍系企業の取扱いを慎重に検討すべきだった点も挙げられる。日本の開発協力事業に軍系企業の関与はほぼ皆無であったとはいえ、建設企業の調達にあたって、その参画の是非に関し、事前にミャンマー政府と合意する等の方針を検討することはできた。これは、進出した民間企業にも当てはまる。

このように、ミャンマーに対する開発協力の教訓が問われる状況であるが、一方で日本が長年支援を行ってきた東南アジアにおいて、民主主義国に分類される国々はそもそも少ない。一党独裁のベトナムやラオス、軍のクーデターが頻繁なタイ、人民党の権力が強まるカンボジアなど、いずれも権威主義体制の色彩が濃い国々である。民主化の度合いにかかわらず、日本はこれらの国々に開発協力を継続している。

日本政府の「開発協力大綱」には、重点政策として対象国の民主化支援が従来明記されている。その具体的な取組みとして、法制度の確立、人権意識の啓発、公正な選挙の実施の支援が行われてきた。しかし、アメリカやEUのような価値外交を強力に推進する姿勢ではない。他国への内政干渉に敏感であることに加え、価値の押しつけが相手国から強い反発を買うことをよく認識しているためでもある。

繰り返しになるが、ミャンマーへの開発協力は、国の経済成長と制度構築を後押しする目的で行われたが、軍の関与を抑える効果は限定的であった。法制度や経済基盤が整えば、自然に民主化された社会が実現するとの淡い期待は、軍の実力行使によって打ち砕かれた。民主主義への移行という観点では、ベトナムやラオスでも一党独裁体制が揺らぐ気配は今のところない。

開発協力の目的に権威主義国の民主化が含まれるならば、それを戦略的に実現するために新たな工夫を検討する必要がある。例えば、⑴軍や政党との接触を増やし、その意向や動きについて情報収集するとともに、日本の協力方針を伝達すること、⑵国内の人権団体等と人的交流を拡大し、問題の把握に努めること、⑶NLDのように民主化に積極的な政党に政策アドバイザーを派遣すること、などが考えられる。これらは、従前の協力では自制してきた活動であり、その気になれば、すぐにでも実施できる内容である。

軍事政権下の現在、スーチーは汚職等の罪で禁固刑が確定している。このまま、もし、2023年8月に選挙が行われれば、軍主導の政権になる可能性が高い。既往の開発協力事業は現在の暫定政権が継承しており、現地での実施監理を含め、日本はいまだミャンマー政府内の複数の接触経路を保っている。アセアンを含む国際社会の外交努力に成果が見られない中、日本独自の働きかけが期待される状況にある。

4 開発独裁の功罪

†シンガポール株式会社

アセアンに権威主義国が多いのは、第二次世界大戦後の独立期に要因がある。植民地支配の秩序が失われる過程で、国の指導層にとっては、国家の体裁を早急に固めることが喫緊の課題であった。国民の動揺を抑え、新たな秩序を形成するため、国内の治安維持や社会統合が重視された。独立時の混乱を乗り越えるためには、共産党武装勢力の駆逐や異なる民族間の融和を促す必要があり、もっぱらその役割を強制力にすぐれる軍が担った。前述のミャンマーをはじめ、インドネシアやフィリピンがそれに該当する。

今や1人当たりの経済規模が日本を抜いたシンガポールも権威主義体制下で経済発展を遂げた国である。ただし、権力の源泉は軍ではなく、政党であった。リー・クアンユー率いる人民行動党が国家主導の経済体制を作り上げ、「シンガポール株式会社」と評される発展メカニズムを構築した。その発展の軌跡は、多くの途上国が模範的な「開発モデル」として参考にしている。

シンガポールは、1819年から1963年までイギリス植民地下にあり、最初はマレーシア連邦に合併するかたちで独立を果たした。小さな島国都市だったシンガポールは、日常の食料品や生活水を隣国マレーシアに依存する必要があった。しかし、マレー系国民の優遇を巡る政策等で軋轢が生じ、2年後の1965年にマレーシア連邦からの離脱を余儀なくされる。人口200万人弱の小さい国が国際社会に投げ出されることになったのである。

この状況下、総選挙を経て政権を握った人民行動党は「生き残りの政治」を掲げ、小国の活路を経済発展に求める路線を敷いた。そもそも小国の立場で周辺国のインドネシアやマレーシアに対して政治的優位を保つことは困難であり、軍事力は実際に微々たるものであった。主たる天然資源もない状況において、国の主要産業を植民地時代の中継貿易基地として栄えた商業にかけるしかなかった。連邦離脱時においては雇用創出や住宅提供が国内の差し迫った問題ともなっており、生き残りの道として、経済優先は所与の選択とも言えた。

この政策を推し進めるため、人民行動党は自らの権力基盤の強化と経済開発の仕組みを構築する取組みを始める。権力基盤の強化では、政府批判勢力の抑圧に力を注いだ。当時のライバル政党であった社会主義戦線に対しては、公安部隊による逮捕や投獄を行い、その勢力を奪うことで、実質的な一党独裁の体制構築に成功する。労働組合については、社会主義戦線の基盤であったシンガポール総労働同盟を解散させ、人民行動党の支配下に新たな組合を設立した。党の指導者が組合の幹部に就任し、政府と一体で動く組織体制を確立したのである。

政府批判の急先鋒だった学生運動に関しては、共産系の学生が多かった南洋大学の学生自治体に介入し、過激な活動家の排除を行った。さらにマスコミに対しては、共産系の新聞を廃刊に追いこみ、「新聞印刷紙条例」の改正を通じて、有力華人資本の抑制を図り、国内の新聞発行を特定の会社に吸収させた。このような取組みを通じて、1960年代後半までに人民行動党政権による国家主導体制が成立した。

経済開発についても政府主導の推進体制が構築されていった。経済政策全般を司る経済開発庁を創設し、産業開発計画の策定、優先業種の選定、投資奨励、工場用地の整備を含む大きな権限を与えた。1968年には、産業金融をシンガポール開発銀行、貿易振興をイントラコ社、工場用地の整備をジュロン開発公社に分割し、経済開発庁は投資関連業務を中心とした司令塔となった。

これらの経済運営を優秀な官僚群が支え、軍や経済界からも行政や経営能力にすぐれた人物が抜擢された。能力主義で選ばれた人材が「シンガポール株式会社」の実行部隊として忠勤に励んだ。

同国の経済開発は、「効率性」「迅速性」「能力主義」に重点が置かれ、国際社会の動静や自国の優位性に合わせて、政策を柔軟に変更していった。例えば、独立後の工業戦略は、1965年までの輸入代替戦略、1979年までの輸出志向戦略、その後の産業高度化戦略と変遷していった。その間、開発5か年計画を策定し、投資奨励策や工業団地の整備を進め、外資導入を積極的に推進した。1980年代には、労働集約産業からの脱却を図り、資本・技術集約産業に移行する。その後、さらに知識集約型産業に重点を移し、今の姿となっている。

このような「開発独裁」体制により、シンガポールは飛躍的な経済成長を遂げた。そのメカニズムの特徴を要約すれば、人民行動党の安定政権を基盤とした(1)国家の経済介入、(2)強い行政権力、(3)各政府機関の有効活用、および(4)有能な人材の確保、である。この国家主導型の開発は、程度の差はあれ、他のアセアンの国々にも共通している。なお、権威主義の色彩が強いとはいえ、ベトナムやラオスなどの一党独裁体制とは異なり、シンガポールでは定期的に総選挙が行われ、複数政党が議席を確保している。

†権威主義国の開発状況

シンガポールを含むアセアンの経済成長は著しく、先行国である韓国や台湾を含めた国々の発展は「東アジアの奇跡」と称された。これらは、国家主導の「開発独裁」体制が功を奏した実例となっている。「開発独裁」という言葉には、すでに権威主義的な意味が含まれているが、そもそも、その特徴は何であろうか。

要約すると、第一に、政治制度と経済制度が一体化した国家体制であること、第二に、安定した政治基盤の下に長期的な視点で開発行政が実行できること、第三に、開発至上主義の下、経済発展を政府の最優先課題として、開発行政機関が整備されること、第四に、官僚に権限が与えられ、合理性と効率性に基づく行政が推進されること、第五に、工業化戦略との関連で外資導入政策が重視され、産業の比較優位に合わせて経済政策を柔軟に調整すること、の諸点である。

アセアンの場合、「開発独裁」として代表的なのは、インドネシアのスハルト政権（1965年から1998年）、マレーシアのマハティール政権（1981年から2003年）、タイのサリット・タノーム政権（1958年から1973年）、フィリピンのマルコス政権（1965年から1986年）、シンガポールのリー・クアンユー政権（1965年から19

90年）である。1990年代に加盟したベトナム、ラオスは共産党、カンボジアは人民党の長期政権体制が続いており、後発アセアン国も「開発独裁」の特徴を備えている。

表1－1は、先発アセアン国の1976年から1995年までの年間平均経済成長率を示したものである。この表が示すように、フィリピンを除く当時の権威主義的な国々が急速な成長を遂げた様子がうかがえる。この結果や中国の例から、権威主義国のほうが経済開発には適しているとする見方がある。

表1－1　先発アセアン国の年間平均経済成長率

国名	1976-85年	1986-95年
シンガポール	7.4%	8.5%
タイ	6.7%	9.4%
マレーシア	6.9%	7.8%
インドネシア	6.3%	6.7%
フィリピン	2.5%	3.5%

（出所：IMF 公表資料より作成）

前述したように、植民地を経験した国々は、独立後の国家運営のために社会統合を図り、同時に国民の生活のために経済発展をしなければならなかった。その過程で、軍や特定政党による権力把握が必要となり、結果的に国が権威主義化した。その体制により、国家主導の経済運営が可能となり、開発目標の達成に邁進（まいしん）できる仕組みが構築された。

こうして見ると、貧しい途上国が権威主義化するのは、ある種の宿命とも言える。その意味で、独立時から民主主義体制の堅持を経済開発に優先したインドやスリランカは、途上国では少数派に属すると言えよう。

†成長と民主化

「開発独裁」体制下では、国民の権利保護は限定的となる。言論、結社、政治活動の自由度が制限され、政府批判は封じられる。権力側の論理は、「まずは食べていける国を造り、個人の自由や権利はその後に考えればよい」というものである。国全体が貧しく、国際社会で生存競争にさらされる途上国の立場では、至極わかりやすい言い分である。

しかし、どの程度経済が成長したら、政府の統制は弱まるのであろうか。最近の中国の状況を見ると、楽観視は禁物である。そうだとすると、経済発展により国民所得が向上し、都市部の中産階級が増大し、「市民社会」の実現をもたらすというシナリオは、現実的ではないのだろうか。

中産階級が増えると、教育の程度が上がり、自己実現の欲求が高まることで、豊かな所得階層を中心に民主化運動が広まるとされる。現在のように、ネットやSNSが普及した社会では、その浸透速度は速く、かつ容易に拡大する。一方で、シンガポールでは個人の所得は飛躍的に高くなったが、権威主義を是正する民主化運動のうねりはいまだ限定的と言える。

シンガポールの場合、前述のように民主化運動を抑制するシステムが機能している。また、人民行動党は全選挙区に市民評議会や住民委員会を設立し、党の政策を国民に浸透させ、選挙運動も担うなど、草の根に影響力が及ぶ体制も構築している。このような取組みは、党の指導層に「政治的自由と経済発展を同時に成立させることは困難である」との考えが根強いことが前提になっている。リー・クアンユーは、１９８０年代のインタビューで「私はいつも個人の生活に介入していると批判される。しかし、介入しなければ国の発展はなかっただろう」と述べている。

一方、経済成長に伴い、権威主義から民主主義の政治体制に移行した国は実際に存在する。前述のように、東アジアの先行事例として挙げられるのが韓国と台湾である。韓国は、１９８０年代後半の民主化運動を機に軍の力を背景にした全斗煥（チョンドゥファン）大統領が政権を移譲し、１９８７年に盧泰愚（ノテウ）大統領候補が民主化宣言をするに至った。その後、民主主義体制に移行し、現在に至っている。台湾は１９８８年に李登輝が登場してから、国民党の独裁体制を一変させ、90年代半ばに複数政党制による民主化を実現した。両国のうち、特に韓国の場合は、民主化の実現に中産階級の影響力が強かったと評されている。

アジア通貨危機の混乱を契機に終焉を迎えたスハルト政権後のインドネシアも民主化が進んでいる。１９９９年には、旧体制下で認められていた3政党に加え、45の政党が総選挙に参加した。総選挙後には、計20の政党が議席を確保し、実質的な複数政党制に移行している。軍の権限も抑制され、民主主義体制が定着しつつある。

権威主義体制から民主化に移行した国々のうち、台湾やインドネシアの場合は、権威の象徴だった指導者の死去や引退が契機となった。しかし、シンガポールの場合、リー政権を引き継いだゴー政権が統治手法を集団指導制に変えた経緯はあるが、基本体制に変更はなかった。このため、経済開発の恩恵は享受できる反面、自由を求める国民の忍耐はしばらく続く見込みである。

このように、アセアンの例を見ても、権威主義体制から民主主義体制への移行には、未だ明確な公式はない。日本の外交方針は、自由、民主主義、基本的人権、法の支配、市場原理等の普遍的価値を重視し、同じ価値観を持つ国々との連携を進め、それらを広めることである。いわゆる価値外交であるが、それを率先するアメリカやEUに反発する途上国は今も多い。日本は、民主化の進む途上国の事例を踏まえつつ、独自の経験や宥和的かつ実践的な視点で、独自の取組みを進めていく必要がある。

†アジア的人権論

アセアンの国々が順調に経済成長を遂げていた1990年代、欧米の主張する普遍的人権論に対し、地域の特殊性を重視した「アジア的人権論」が注目を浴びた時期がある。その主な論客が権威主義体制を敷いていたシンガポールのリー・クアンユー首相（当時）とマレーシアのマハティール首相（当時）である。彼らの主張は、西洋と東洋の文化的な違いゆえに、西欧流の民主主義や人権思想をそのまま東アジアに適用するのは不適切とするものである。

リー・クアンユーは、アジアには欧米と異なる人権の考えがあるとし、儒教の教えをたとえにそれを主張した。日本を含む東アジアの発展を支えたのは、勤勉、節約、組織への忠誠などの儒教倫理であり、このような文化的価値こそ国家の根幹であるとした。統治者と被統治者がそれぞれ助け合い、自身を社会に適応させることが全体の発展を支えると強調し、民主主義よりも規律を重んじる姿勢を貫いた。

マハティールも、アジアが発展したのは個人の権利を過度に重んじる欧米と違い、家庭や企業を含む共同体の調和を優先する「アジア的価値観」があるためだと述べている。また、「アジア的価値観」は権威を尊重し、権威によって社会の安定が保証されることを強調した。西欧の価値観は個人の権利を重んじるが、それによって、社会全体の利益を踏みにじるのは本末転倒であるとの主張である。

これらの考えを反映するかたちで、１９９３年の世界人権会議アジア地域会合において、「人権は地域の特殊性や文化的・宗教的背景の重要性を考慮すべき」とするバンコク宣言が採択された。ただし、欧米の人権概念を否定するものではなく、「人権の政治的抑圧は回避すべきもの」との内容も含まれた。その後のアセアン内の議論においても、人権と国家主権の両立は所与としつつ、欧米型概念の過度の普遍化を抑止し、地域の特殊性に配慮した人権概念を重視することを基調としている。

†西洋的価値と開発協力

このような姿勢は、人権を軽視し、権威主義体制を肯定するものであるとして、欧米の人権団体等から批判の対象になってきた。具体的には、(1)「個人よりも国家を重んじる」との主張は、政府の開発行政のために一般市民や少数民族の人権侵害を正当化することになりかねない、(2)特に国家指導者が強い権限を持つことで、国家が自由を制限し、開発独裁の批判を抑え込む論理がまかり通る、(3)アセアンの国々は相互不干渉の立場を堅持しているが、人権を国内問題と規定すると、同分野に対する国際協力や国家間の連帯が抑制され、事態改善の機会が失われてしまう、などである。

実際に政治的な自由度や人権尊重の程度について、既存の調査研究では、アセアンの状況は散々である。例えば、米国のフリーダムハウスが毎年発表している「世界の自由度国別ランキング」の2022年版では、全200か国中、いちばん高い順位のインドネシアで106位、いちばん低いミャンマーは182位である。この調査は、各国の自由度を政治的権利と市民自由度に分け、計25の指標で評価したものである。ちなみに、日本は11位、中国は182位となっている。

また、「報道の自由度ランキング」でも同様の傾向である。国境なき記者団が調査した2022年版で、対象180か国中、アセアンで一番順位が高いのは113位のマレーシアで、一番低いのは176位のミャンマーである。その順位の間に他のアセアンの国々が位置している。ちなみに、日本は71位、中国は175位である。これらのランキングでは、毎回欧米諸国が上位に並んでいる。上位国からすれば、アセアンの国々はいまだ自由度後進国であり、民主化や人権尊重を重視する価値外交の対象になりうる。

この状況だけ見ても、開発協力を通じた経済成長だけでは、政治体制に変容が生じ、国民の自由度が高まるとは言えない。アセアンの場合、人権保護と共同体構築の緊張関係の中、個人の権利だけを強化する支援を考えても機能しない可能性が高い。その観点で、欧米のような直截的かつ一方的な価値外交がそのまま通用するわけではなく、異なる手法が検討される必要がある。

日本の強みは、多くの途上国に共通する共同体重視の価値観を有しつつ、人権重視の社会を作り上げてきた経験があることである。戦後の例で言えば、高度経済成長時代の環境問題を巡る被害者救済や高齢・障害者を対象とする社会福祉面の制度改善等がそれに含まれよう。

開発協力の文脈では、それらの教訓や秘訣を改めて整理し、途上国の実情に見合った施策を伝授していく姿勢が肝要と言える。「日本も昔はそうだった」と言える立場と事態改善に向けた実践主義的な支援が、途上国との信頼醸成を促し、社会の変容をもたらす力になりうると考えられる。

第２章
日本型開発協力の特徴

マレーシアの職業訓練指導員・上級技能訓練センター（写真:JICA）

1　昔と今の国造り

†「まことに小さい国」の挑戦

日本はかつて途上国であった。鎖国による「太平の眠り」から目覚めたとき、欧米列強に大きく遅れた極東の農業国にすぎなかった。当時、イギリスやオランダの1人当たりの所得は日本の4倍以上であり、日本から輸出できる産品はお茶や生糸などしかなかった。就労者の約7割は農業を中心とする第一次産業に従事し、1873年の地租改正が行われるまでは、年貢が国の財政を支えていた。

この「まことに小さい国」に過ぎないとの自己認識が改革の原動力となったと言える。自国の脆弱さを悟った為政者たちは、危機感を強め、国の近代化を推進する動機を強くした。欧米列強による植民地政策が進む国際環境の中で日本が生き延びるには、国を富ませ、軍事力を増強することが重要であった。そのため、よく知られるように欧米に倣(なら)って国の基盤作りに着手する。

富国強兵政策の下、日本は主に3つの近代化を進めた。殖産興業を内容とする経済の近代化、憲法制定と議会の設置を行う政治の近代化、軍制や軍備を整える軍事の近代化である。殖産興業では、官営工場の設立、道路や鉄道の整備、新貨幣制度や銀行制度の導入、農業研究所の設置、株式会社の設立等、多くの施策が実施された。

これらの種々の開発政策によって、綿製品では輸入代替が成功し、明治中期には紡績が盛んになり、衣類の輸出が増加した。また、製造業の振興が進み、明治初期から末期までに、国内総生産に占める割合が5%弱から20%近くにまで拡大した。工業化の進展により、製造業を含む第二次産業の就労人口は同期間に倍増し、産業全体の約2割を占めるに至った。また、国民総所得の伸びについては、第二次世界大戦前までの期間で見ると、明治初期から約5倍、1人当たりの所得は約3倍まで増加している。

政治体制では、明治の間に、憲法が制定され、法律が整い、議会の成立に至った。また、軍事面では、日清、日露の両戦争を経て、軍備力が増強され、欧米列強から一目置かれる存在にまでなった。大正時代の第一次世界大戦後には、「ビッグファイブ」(アメリカ、イギリス、フランス、イタリア、日本)として、主要な国際会議に招かれるようになる。明治時代に経済、政治、軍事の近代化は着実に進展し、「まことに小さい国」はやがて世界の「一等国」に名を連ねるようになったのである。

開発協力の仕事に従事するにあたり、この明治の歴史を常に念頭に置くようにしている。

明治政府が行った種々の改革や施策は、国造りの教科書になりうるためである。欧米からの学びを通じて、制度を作り、インフラを整え、産業の振興を図った。種々の近代化により、農業国から工業国に移行し、貿易分野で競争力を増した。政府の主導で経済環境を整え、民間の活動が拡大した。各施策の優先度、順番、実施方法、試行錯誤の程度など、今の途上国開発にも適用可能な要素が多く含まれている。

加えて、その奇跡のような発展を成し遂げた活力の源泉にも強い関心を抱き続けている。そこには欧米に遅れているという劣等感、不平等条約の屈辱感、国際社会で生き延びるという切迫感が入り混じっており、それが為政者や民間人の発展志向を形成していたことがうかがえる。明治に関するさまざまな文献を読むと、「なせばなる」との気性に満ちていた時代が思い浮かぶ。開発協力が功を奏すのは、そのように発展志向が強く、進取の気性が人々に浸透している国を相手にする場合である。

「坂の上の雲」を見上げて、国造りに邁進していた時代は、まさに挑戦の繰り返しである。今の途上国でも、その状況は当てはまる。数々の挑戦を経て、近代化を成し遂げた日本の明治時代の経験は、多くの途上国にとって良い参考となるはずである。もちろん、発展の過程で軍部の台頭が起こり、政治体制の権威主義化が進み、先の大戦につながった事実も貴重な教訓として学びの対象になりうる。

†学んで、選んで、実行

明治の近代化に大きな役割を果たしたのが岩倉遣欧使節団である。1871年11月から1873年9月までの1年10か月にわたって、岩倉具視（いわくらともみ）、大久保利通、木戸孝允（きどたかよし）ら政府高官および留学生計107人が12か国、120の都市を訪問した。

欧米の制度、産業、文化を学ぶことが目的の1つであり、実際に政治、行政、軍事、工業、教育、交通、通信、娯楽等、多岐にわたる分野の知識吸収に努めた。特に産業革命が進むイギリスでは、鉄道、通信、炭鉱、製鉄所、ビールやビスケット工場を訪問し、学者や経営者等から知識や技術の吸収に注力した。

帰国後、「征韓論」を巡る政変を経て、権力を掌握した大久保利通の主導により、殖産興業策が強力に推進されていった。本章第4節で述べる外国人顧問の雇用や官営工場の設置もそれに含まれる。また、使節団の団員や随行員は、炭鉱の近代化（団琢磨（だんたくま））、学制や教育令の実施（田中不二麿（たなかふじまろ））、鉱山開発（大島高任（おおしまたかとう））、憲法の制定（井上毅）において、それぞれ活躍した。わずか満6歳で随行した津田梅子がアメリカ留学を経て、後に今の津田塾大を創設した話は周知の通りである。

視察団の意義は、明治期に達成された種々の成果が物語っているが、⑴政府高官が直接現地に赴き、実情を肌で感じたこと、(2)政治経済の制度や仕組みを批判的な視点で観察したこと、(3)固定観念にとらわれない若い人材を参加させたこと、(4)調査の対象を分担し、官僚等に効率よく学習させたこと、などが挙げられよう。単に欧米の先行事例を学ぶのみでなく、日本に合致した方法を探る視点で調査や学習を行った点に特徴がある。

当時の日本は、欧米の国々を国造りの模範として制度構築やインフラ整備等を進めた。郵便制度はイギリス、警察制度はフランス、北海道開拓はアメリカ等、各国の長短を見極めながら、日本の実情に合う適切なものを選んで移植する手法をとった。調査や学習には、直接現地に赴いたり、外国人を日本に招聘(しょうへい)したりしたが、為政者や政府高官が直接その当事者になることも頻繁であった。

政治体制について言えば、明治憲法は、立憲君主に基づくドイツの憲法を参考に策定されている。これは、使節団がプロイセン（ドイツ）のビスマルク首相と面談した際に、同首相が「万国公法よりも力の論理」を主張し、国家統一には軍事力の増強が必要であると説いたところに契機がある。

天皇の権限下で富国強兵を進めようとした政府は、一院制で国民主権のフランスや二院制で君主の権限に制約のあるイギリス等と比較し、君主制で軍事国家のプロイセン憲法を参考にすることを決める。使節団の派遣から10年後の1882年に伊藤博文らが憲法調査として、ドイツに滞在し、ベルリン大学のグナイストやウィーン大学のシュタインから講義を受けた。帰国後にもドイツからロエスレルを顧問として招聘し、憲法草案の作成を進め、1889年に明治憲法が発布された。

このように、開発を志す国は、自国の国柄に合った制度や仕組みを導入するために、模範とする国や地域を慎重に検討することが求められる。他国の先行事例を学んで、適切なものを選び、そして実行することが開発政策の基本と言える。

他方、導入してもうまく機能しない場合は、すぐに方向転換することが必要となる。例えば、明治初期に設立された官営工場は、生産面や技術面で一定の成果を上げたものの、多くは赤字となり、民間への払い下げが進められた。その後、民営化された工場の多くは、新技術導入や人員整理を通じて、黒字経営を実現していった。官営工場の民営化がなければ、経営不良の状況が長く続き、国の財政にも負担となっていたに違いない。

†途上国出身の強み

明治期の近代化政策は、人々の生活に大きな変革をもたらした。端的に表現すれば、身分革命（四民平等）、土地革命（地租改正や廃藩置県）、物流革命（鉄道や郵便制度）等である。教育面での拡充も著しく、例えば明治初期に男子約50％、女子約30％の水準であった識字率は、初等教育の急速な普及により、明治が終わる頃にはほぼ100%に達している。経済面では、開発経済学の教科書にあるように、工業化の進展を通じて、産業構造の構成割合が農業を中心とする第一次産業から第二次、第三次に比重を移していった。貿易構造においても、綿製品に代表される軽工業品の国内生産体制を整えることで、輸入代替を実現し、輸出ができるまで競争力を高めた。見方を変えれば、このような日本の経験が開発経済学の理論を補強する実例になっていると言える。

政治体制の面では、アジアで初めての本格的な憲法を導入し、法制を整え、制限的とはいえ、選挙制度も導入された。その結果だけ眺めれば、順当に物事が進んだようにも見える。しかし、民主化政策1つとっても、急進派と漸進派があり、また、憲法を作るにあたり、模範とする国の検討が慎重に行われた。

憲法の内容については、イギリス式の議会制度を導入するか、ドイツ式の立憲君主制度を採用するかが1つの争点であり、前述のように後者が選択された。為政者の多くは、当時の日本人を「半開の民」とみなし、大きな自由の導入は暴力や争いを招くとの危惧を有していたとされる。

欧米視察から帰国した大久保利通は、「立憲政体ニ関スル意見書」で、民主政治がすぐれていることを認めつつ、実際の民主制は党利党略の弊害を招きやすく、場合によっては多数派による虐政が行われると指摘している。当時の国内状況を踏まえ、諸改革の実行を可能にする強い政府の必要性を主張し、立憲君主制を志向した。民主化については、社会変化の速度に合わせた漸進主義の立場をとっている。

これに対し、福沢諭吉は、『文明論之概略』において、国民の遅れた精神構造を所与として制度を作るのではなく、精神の変革を最優先し、「先ず人心を改革して次で政令に及ぼし、終に有形の物に至るべし」と述べている。伝統や慣習にこだわらず、国民の民度を上げながら、欧米文明を積極的に導入することを強く主張する立場である。

この議論は、現在の途上国にも通じる本質的な問題を扱っており、第1章で述べたリー・クアンユーやマハティールの言説にもつながる。開発独裁の国は、その名称が示す通り、例外なく権威主義体制の政府が運営しており、経済面の発展と政治体制の民主化に関する速度は一律ではない。日本は身をもってその経験を経てきた国と言える。

日本が多くの途上国と違っていたのは、欧米の植民地にならなかった点である。植民地にされた国々は、独立達成後も多かれ少なかれ、旧宗主国の残した制度や施設を引き継いでいる。宗主国の言語が通じたことも一因であるが、インドのようにイギリスの植民地時代に制定された法律を残している国もある。それが宿命とも言えるが、日本の場合は、自らの国情や経済状況に合わせた新しい制度や施設の導入が可能な境遇にあった。

そのような違いにかかわらず、欧米に対して途上国の立場を味わった苦労は、今の開発協力の実践において日本の持ち味になっている。相手国の置かれた状況は、日本の「いつか来た道」の風景であり、協力の際に自然と共感の念が湧く。先進国の中で日本のみが有する特質ではないが、アジアの出自であることも含め、貧しい国々と同じ目線に立てる体質を備えているのは確かである。

欧米から「文明」を輸入した日本であるが、国内で「文明」の一部が定着していく過程で、交番制度のように、独自の試みが加わり、成果を上げる例も多かった。特に第二次世界大戦を経て、復興が本格化し、高度経済成長期を迎えると、新しい秩序の中で日本生まれの制度や工夫が生まれていった。その中には、現在、途上国に「輸出」されているものも含まれる。次の節では、明治期の体験に基づく協力を含め、これらの事例をいくつか取り上げてみたい。

2 成功体験の共有

†法治国家の骨格作り

2020年5月、東南アジアの内陸国ラオスで630条からなる新民法が施行された。これは日本の協力に基づき実現したものである。ラオスの司法省や最高人民裁判所を対象に法典作りの支援が開始されたのは2003年に遡る。日本からは、法務省傘下の法務総合研究所の検察官、現役の弁護士、大学教授等が参画し、起草に必要な指導書や実例集の作成、民法典の各条項の検討、解説書の編纂が進められた。

本格的な起草作業が開始されたのは2012年からであり、その後約8年を経て、新たな民法の施行が実現したことになる。日本の協力による民法施行は、ベトナム、カンボジア、ネパールに次ぐ4か国目となった。

日本が途上国の法制度整備を支援する際の強みは、欧米の法制度に関する研究の蓄積があることや日本の法文化がアジアに親和的なことである。また、日本自体が外国の助けにより法制度を整えた明治時代の経験を活かせることが大きい。

当時、近代化を急ぐ明治政府は、もっぱらフランスの法典を参考にして刑法や民法の起草を行った。フランスから派遣された専門家の協力で、草案作りが進んだが、民法については、いわゆる「法典論争」が起こり、一度公布された民法の施行が延期される事態となった。

公布に至った民法は、元老院からの意見を含め、保守派の観点も考慮して最終版に至っ

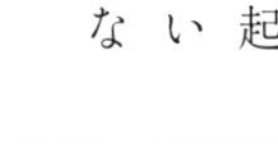

たものである。それでも親族関係を規定する人事篇や相続等を規定する財産取得篇が進歩的だとする反対意見により、修正を余儀なくされた。1890年に公布された民法がこの修正を経て施行されたのは、8年後の1898年であった。1871年にナポレオン法典を参考に当時の司法省が着手した草案作りを含めると、実に27年の歳月をかけた作業となった。

この明治期の教訓により、現在の協力においては、⑴現地の実情に関する綿密な事前調査、⑵対象国の主体性や自主性の重視、⑶法律家の人材育成や法運用体制の整備を含む中長期的な活動、が取組みの特徴となっている。これらは、他国の法律を移植しようとしても、簡単には受け入れられないことを肝に銘じた姿勢と言える。

実際にラオスの場合でも、協力当初は同国の法曹関係者の一部に反発する様子が見られた。このため、相手国の理解を得ながら編纂作業を続けることを心がけ、結果的に法律の制定までは相応に長い期間が必要となった。例えば、民事訴訟の手続きを表す冊子18ページを完成させるだけで1年間を費やしている。

法律用語に関しては、そもそもラオスに存在しなかった「抵当」や日本と概念が異なる「不法行為」等の言葉の解釈や翻訳を1つずつ進める必要があった。その分、作業に根気と時間を要した。例えば、カンボジア民法の場合でも、1999年の編纂作業に対する協力開始から２０１１年の法律施行まで10年以上かかっている。このように、法制度は国の根幹に関わる分野であり、慎重かつ息の長い協力が求められる。

法制度整備支援に大きな役割を果たすのが法務総合研究所と日本弁護士連合会である。研究所は国際協力部を擁し、講師や長期専門家の派遣、各種研修の実施、日本の作業部会への参加等の活動を行っている。最高裁判所とも連携しつつ、途上国で働く長期専門家として現役の検事を派遣している。

日本国内の研修では、途上国の裁判官、検察官、弁護士等を対象に日本の法制度に関する講義や対象国が抱える法制度上の課題に関する討議を行っている。連合会では国際交流委員会が設置され、現役の弁護士が同様の活動に従事している。

日本による法制度整備支援は、民法、刑法、競争法、知的財産権法等に及んでおり、最近は、投資奨励やビジネス環境面の法令に関する協力が増えている。対象国の文化や慣習を重んじ、各条文について丁寧に議論しながら進める日本の姿勢は高く評価され、今までの協力実績はアジア、中東、アフリカで30か国以上に及ぶ。

国造りの要諦とも言える法整備について、協力要請が多いのは、日本に対する深い信頼の表れと言える。実際にラオスやカンボジアの関係者は、長い時間を一緒に過ごした日本の専門家は家族のようだと評する。筆者の知る限り、このような長期かつ丁寧な協力を続ける国は日本のみである。

日本で普及している母子手帳が正式に導入されたのは、1948年（昭和23年）である。同年に児童福祉法が施行され、それまで存在した妊産婦手帳と乳幼児体力手帳を統合して作られた。母親と子どもの健康記録を一緒にした手帳は、世界初の試みであった。ちなみに、妊産婦手帳制度は、妊婦の健康管理を目的に1942年（昭和17年）に始まったものだが、手帳を提示すれば、戦時下でも妊婦が優先して米や腹帯用さらし等の物資配給を受けられた。

†命を守る母子手帳

母子手帳が導入された当時、妊産婦や乳幼児の死亡率は高く、その改善は政府にとって急務であった。1940年（昭和15年）当時の妊産婦死亡率は、妊婦10万人当たり229人であり、2020年時点の同3人に較べると、実に約80倍も高率であった。当時の状況は、現在にあてはめるとアフリカのアンゴラやザンビアの水準である。戦後、母子手帳の普及を含む医療の拡充に伴い、妊産婦死亡率は改善の一途を辿り、1960年代後半には妊婦10万人当たり100人を下回り、1980年代後半には1桁台となった。

1992年の母子保健法改正により、都道府県から市町村へ交付主体が変わり、妊娠が判明し、地元の区市町村に届け出をすれば、母子手帳が交付されるようになった。これは、国籍や年齢を問わないため、外国語の手帳も国内で発行されている。

母子手帳は、妊娠中の母親と生まれた子どもの健康記録であり、保護者が家庭にいながら母子の医療情報を管理することに意義がある。当初は医療従事者の記述箇所が多かったが、1970年代の法改正で母親自らが記録する箇所が増えた。書き込みを行うことで、親としての自覚が強まり、健康管理とともに乳幼児への愛情が深まることも期待された。また、母子手帳を提示すれば、異なる地域の医療機関で記録に基づく診療が受けられ、手帳の利用によって母子保健の継続性や統一性が確保されている。

日本で独自に普及した母子手帳は、1980年代に途上国への「輸出」が始まった。当時、JICAの研修で日本を訪れていたインドネシアの医師が手帳の効果に着目し、帰国後に普及を試みたのが契機となる。有志によって手帳の試験的な配布から始まった活動は、1990年代後半に「母と子の健康手帳プロジェクト」として、日本とインドネシアの正式な技術協力事業に発展した。

この事業を通じて、インドネシア版の正式な母子手帳が作製された。母子保健の仕組み作りが進むにつれて、現在では、全国すべての州で母子手帳が配布されるようになり、年間500万人以上の妊婦が使用するまでに至っている。

この成果に基づき、JICAの協力を通じ、中東のパレスチナ、アフリカのケニアやウガンダなどで導入が進み、2020年時点で年間2000万冊以上の母子手帳が世界で使われている。これは、毎年世界で誕生する新生児全体の約2割に当たる数字である。日本が支援する国の数はすでに30か国を超え、各事業の進展に伴い、母子手帳の普及が拡大しつつある。

途上国で母子手帳の事業を展開する際、何が課題となるだろうか。そもそも母子保健の水準が低い国では、医療施設や保健師が不足しており、妊婦の医療サービスへのアクセスが限定される。このため、母子手帳が有効に利用されるためには、病院整備や人材育成が同時に必要となる。例えば、自宅の出産では、緊急時の対応が必要になるが、産科医師や助産師が不足していれば、母子の生命にかかわる事態が生じかねない。

また、貧困層が多い地域では、出産費用捻出等のため、村民間の互助制度の活用が有効である。さらに、利用者には読み書きのできない女性が含まれるため、手帳の有効性を理解する啓発活動とともに、絵や記号を挿入するなど、使いやすさの工夫も必要となる。多民族の国では、複数の言語を用いる配慮も求められる。

途上国の母子保健は、いまだ脆弱な状況であり、その様子は戦後間もない日本に類似している。1950年（昭和25年）時点の日本において、医療施設で出産する割合は妊婦1

00人当たりわずか5人程度であった。このような事実は多くの途上国を力づけるはずである。日本の経験自体が生きた先行事例であり、取組み次第によって状況が改善し、母子の貴重な命を守れることを如実に物語っているからである。

企業価値を高める「カイゼン」

製造業の生産性を向上させる手法として、世界的に有名となった日本の「カイゼン」。設備改良、不良品削減、整理整頓、ムダ取り運動、作業の安全性確保等、工場の生産工程で種々の工夫が蓄積され、5S(整理、整頓、清掃、清潔、しつけ)や総合的品質管理の手法が確立された。日本の高度経済成長期を通じて独自の進化を遂げた「カイゼン」は、「トヨタ生産方式」が欧米の注目を浴びるに従い、外国企業にも導入されるようになった。「トヨタ生産方式」を代表するのは、(1)在庫を極力減らし、必要なものを必要なときに生産する「ジャストインタイム」、(2)作り過ぎや不要な動作を避ける「7つのムダ」取り、(3)生産現場の課題等をデータやグラフで示し、関係者で共有する「見える化」、などである。いずれも生産工程の効率性や合理性を追求する取組みであり、経営学の教科書でも紹介されている。1980年代以降、トヨタが世界的企業の地位を確かなものにするにつれ、日本企業の強さを象徴する「トヨタ生産方式」とそれを構成する「カイゼン」手法が国際的に認知された。

この「カイゼン」を途上国に伝授する日本の協力が1980年代から継続されている。当時、労働集約産業から資本集約産業に移行しつつあったシンガポールの生産性向上プロジェクト(1983年から1990年)を皮切りに、タイ(1994年から2001年)、ブラジル(1995年から2000年)、ハンガリー(1995年から1999年)等で、企業の競争力向上を目的とする事業に「カイゼン」手法が導入されてきた。アルゼンチンや中米カリブ地域では、中小企業の経営能力改善事業で採用されている。製造業のみならず、保健分野の協力にも拡大しており、病院経営の効率化を目的とした事業が20か国以上で実施されている。

最近は、アフリカでの活動が拡大しつつある。チュニジアへの協力が正式に開始された2000年当初から現在まで、支援対象国数は25か国に及ぶ。各国の事業で育成された現地の「カイゼントレーナー」は、合計で約1400人となり、「カイゼン」を導入した企業数は約2万社に上っている。ガーナの実績では、参加した企業の実践を通じて、労働生産性、生産可能数量、不良率、納期遵守率等で具体的な「カイゼン」効果が見られた。2017年にはアフリカ連合開発庁とJICAの間で「アフリカ・カイゼン・イニシアティブ」が合意され、協力体制の強化とともに、「カイゼンハンドブック」の作成が進んでいる。

†「カイゼン」の起源

日本が起源とされる「カイゼン」であるが、その発端は、戦後のアメリカによる日本の生産力強化への協力にある。アメリカは日本の非軍事化、経済民主化を推進し、当初は労働組合の結成を奨励したが、東西冷戦が本格化するにつれ、友好国の共産化を防ぐ目的で、労使協調を促す支援に転換した。資本主義経済を支える生産性向上がその中心的な要素で、当時すでにマーシャルプランを通じてヨーロッパで同様の取組みを行っていた。

正式な支援が始まる前夜、1950年に日本科学技術連盟が統計学者のエドワーズ・デミング博士を招いて、科学的な手法による品質管理の指導を始めている。その後、1955年にアメリカによる協力が開始され、同年に設立された日本生産性本部を窓口機関として、1961年まで7年間続けられた。その間、日本からアメリカでの研修に参加した人数は、約390グループ、計約4000人に上る。

各グループは、鉄鋼、自動車部品、電気等、産業部門別に構成され、視察の内容により、企業幹部向けや専門分野向けのコースが設けられた。ちなみに、アメリカへの渡航費用は日本持ちで、参加企業が基本的に負担した。この協力は政府間の合意によるものだったが、全費用の7割を民間が引き受けるかたちになった。

この研修成果を高く評価した日本は、事業が終了した後も費用を全額負担するかたちで視察団の派遣を続けた。1965年には、視察に参加した総人数は約6000人に達した。また、アメリカの正式な協力が終了した1961年には、アジア生産性機構の設立を行っている。これは、アジアの経済成長が日本経済の発展に寄与することを念頭に、同地域の生産性向上に対する協力が重要と認識されたものである。実際に同機構や日本生産性本部が中心となり、アジアから企業経営者を日本に招聘し、経営手法や技術管理の知識移転を行った。「カイゼン」に関する1960年代のアジアへの協力は、民間が主導的な役割を担ったのである。

「カイゼン」の途上国への移植に関して留意点は何であろうか。過去の協力事業における教訓としては、(1)短期的な成果を期待する相手国側に対し、理念や方法論の理解を重視する日本の立場を理解してもらうこと、(2)座学と実習の兼ね合いを慎重に検討すること、(3)事業の成否を握るカイゼントレーナーを早期に育成すること、が挙げられる。また、導入を図る企業に整理整頓にかかわる概念やチームワークの習慣が欠如している場合、労働倫理の習得から始めることも重要となる。

小さな努力の積み重ねが大きな成果につながる「カイゼン」は、さまざまな組織に適用可能な手法として、今後も途上国に広がる可能性を有している。日本人の労働文化や慣習から生み出された手法は、まさに、日本が誇るブランドとして世界に広く普及しつつある。

†災害大国の知見

地震、台風、噴火によって引き起こされる土砂崩れ、突風、洪水、津波等、日本は地理的な要因で昔からさまざまな自然災害を被ってきた。最近では、温暖化に起因するとされる豪雨災害により、河川氾濫による道路冠水や建物浸水の被害が生じている。実際に１976年から１985年と２０１０年から２０１9年の10年間を比較すると、１時間降雨量が50ミリ以上の年間回数は、後者のほうが約１・４倍に増加している。その影響による土砂災害の件数も同様の増加傾向を示している。

自然災害から人々の生活を守るため、日本は、気象予測精度の向上、護岸改修、防潮堤整備、建築基準の改訂、河川改修、防災教育の普及等の施策を実施してきた。その結果、災害時の緊急対応、防災計画、インフラ整備、構造技術、生徒や児童への啓発活動等に関する知見が蓄積され、国際社会の中で「災害対策先進国」の地位を占めている。

この経験に基づき、開発協力においても日本は災害対策分野の主要支援国となっている。途上国に対する日本の防災協力の実績は、１９９１年から２０１０年の平均で毎年約37億ドルに達し、約4億ドルで第2位のアメリカや約2億ドルで第3位のオーストラリアを大きく引き離している。世界の防災協力全体のうち、実に6割以上を日本が占める状況である。

世界では、2005年から2014年の平均で、毎年約2億人が被災している。被害額の経済規模に対する割合を比べた場合、途上国は先進国の約4倍も大きくなっている。多くの人命と財産を奪う自然災害は、途上国にとって大きな脅威であり、温暖化に対する意識の高まりに伴って、開発協力の需要が増えている。すなわち、この分野で日本が貢献できる機会が拡大しているのである。

写真2-1　洪水制御事業でマニラに建設された排水機場（写真：フィリピン公共道路事業省）

日本が行う支援の特徴はどのようなものだろうか。一言で表すならば、「切れ目のない協力」である。発生直後から、緊急支援、復旧活動、被害状況調査、復興計画策定、対策事業の実施等、一連の協力を継続して実施している。それぞれの段階で、緊急援助、調査団派遣、技術協力、無償や有償の資金協力の手法を用いて、総合的な取組みを行っている。主要な支援国でこのような取組みができるのは、日本をおいて他にはない。

日本の防災協力の中で、長年にわたる取組みが成果を上げている事例としては、フィリピンの洪水対策が挙げられる。フィリピンは毎年台風被害を被っており、都市部の洪水対策が大きな課題となっていた。日本はマニラ首都圏を対象に1980年代から河川整備計画、放水路整備、河川改修、予警報施設設置、治水部門の人材育成等の協力を進めてきた。

これを受けて、フィリピン政府は、1999年に途上国では初となる治水専門部局を設置し、それ以後、洪水対策予算を毎年増額してきた。事実、2011年から2018年の間に同予算は10倍以上に増えている。2020年に台風ユリシーズが上陸した際の被害は限定的であったが、その結果をそれまでの各対策がなかった場合と比べた場合、浸水面積や経済被害額を約8割軽減できたと試算された。

防災の国際的な指針作りにおいても日本の役割は大きい。約10年ごとに開催される国連防災世界会議は、過去3回とも日本で開かれている。1994年横浜市、2005年神戸市、2015年仙台市であり、参加国数は回を追うごとに増え、第1回147か国、第2回168か国、第3回187か国であった。

東日本大震災の被災地である仙台市で行われた第3回目の会議では、日本が主導した(1)長期的視点による防災投資、(2)災害後の本格復興、(3)中央政府と多様な機関の連携、を基本方針とした「仙台防災枠組」が採択された。特に(2)に掲げた災害後の本格復興は、「よりよい復興」を意味する英語のBuild Back Betterが当てられ、頭文字をとってＢＢＢの名称で国際社会に浸透している。現在進行中のウクライナの復興支援の議論でも広く使われている。

今後の協力には、スーパーコンピューターによる気象予測の精度向上や地理空間情報を利用した被害予測地図の作成等の取組みが期待されている。一方で、自衛隊輸送機を使った緊急物資支援の実績も増えており、「仙台防災枠組」で合意された多様な組織との協働体制が強化されつつある。このように、防災協力において、日本は独自の知見と技術の蓄積が進んでおり、世界の「開発協力市場」で最も競争力の高い国となっている。

以上、本節では、防災協力も含め、日本独自の経験や国内で普及した制度に基づく途上国支援に焦点を当てた。次の節では、日本が長年築いてきた効果重視の開発協力モデルについて論じていきたい。

3　日本の開発協力モデル

†貿易、投資、雇用の経済循環型

2022年12月、三菱自動車はタイ工場の累計輸出台数が500万台を越えたと発表した。現地のミツビシ・モーターズ・タイランドは、チョンブリ県レムチャバン工業団地に3つの生産工場と1つのエンジン工場を有し、海外の最大拠点となっている。同社は、1988年にタイ国内初となる自動車メーカーによる輸出を開始し、今まで120か国以上に完成車を輸送している。最近では、生産台数の約9割が工場に隣接するレムチャバン港からの輸出である。

レムチャバン港と同工業団地は、1980年代に日本の開発協力で建設されたものである。当時の「東部臨海開発計画」の一環で、道路、鉄道、水源開発、送水管も同時に整備された。この協力により、石油化学を中心とする重化学工業が伸展したマプタプット地区と製造業の拠点となったレムチャバン地区は、タイ経済を牽引する一大工業地帯に変貌を遂げた（図2－1）。

実際、産業基盤が整いつつあった1991年から1995年の東部臨海3県の年平均経済成長率は12・1%に達し、バンコク首都圏の同6・0%の2倍以上の伸びを記録した。製造業の付加価値額成長率も同期間に平均22・0%となり、全国平均の10・7%を大きく上回る実績となった。

レムチャバン工業団地は、約420ヘクタールの敷地に輸出加工区と一般工業団地を擁し、完成から約10年後の1990年代末には、日本企業を含む約100社が操業するに至った。日本からは、前述の三菱自動車の他、いすゞ、エアコン生産の富士通ゼネラル、三菱電機、大日本塗料等が入居し、工業団地を含む地域全体では、当時、約4万人の雇用が創出されている。企業の入居需要は高く、敷地が手狭になったため、拡張工事を通じて、2020年時点で団地の面積は約570ヘクタールとなり、入居企業は、約150社に増加している。

大型船舶の寄港が可能なレムチャバン港は、原材料輸入や生産品輸出に利用され、1990年代末には年間コンテナ取扱量は165万TEU（20フィートコンテナ換算）に達し、タイの中心的な商業港であったバンコク港の取扱規模を上回った。レムチャバン港は隣国のラオスにも利用されており、取扱需要の増加により、港湾施設の拡張が継続して行われてきた。現在の年間コンテナ取扱量は年間約800万TEUに達し、マレーシアのタンジュンペレパス港とともに、東南アジアを代表する港湾となっている。

東部臨海開発は、1980年代半ばに策定された第五次国家経済社会開発計画で着手され、産業の近代化を主な目的とした。大きな柱として、製造業振興を通じ、主な輸出品を農産物から工業品に転換することが重視された。レムチャバン地区とマプタプット地区が選ばれたのは、バンコク首都圏の近郊地であり、シャム湾で発見された天然ガス田の有効

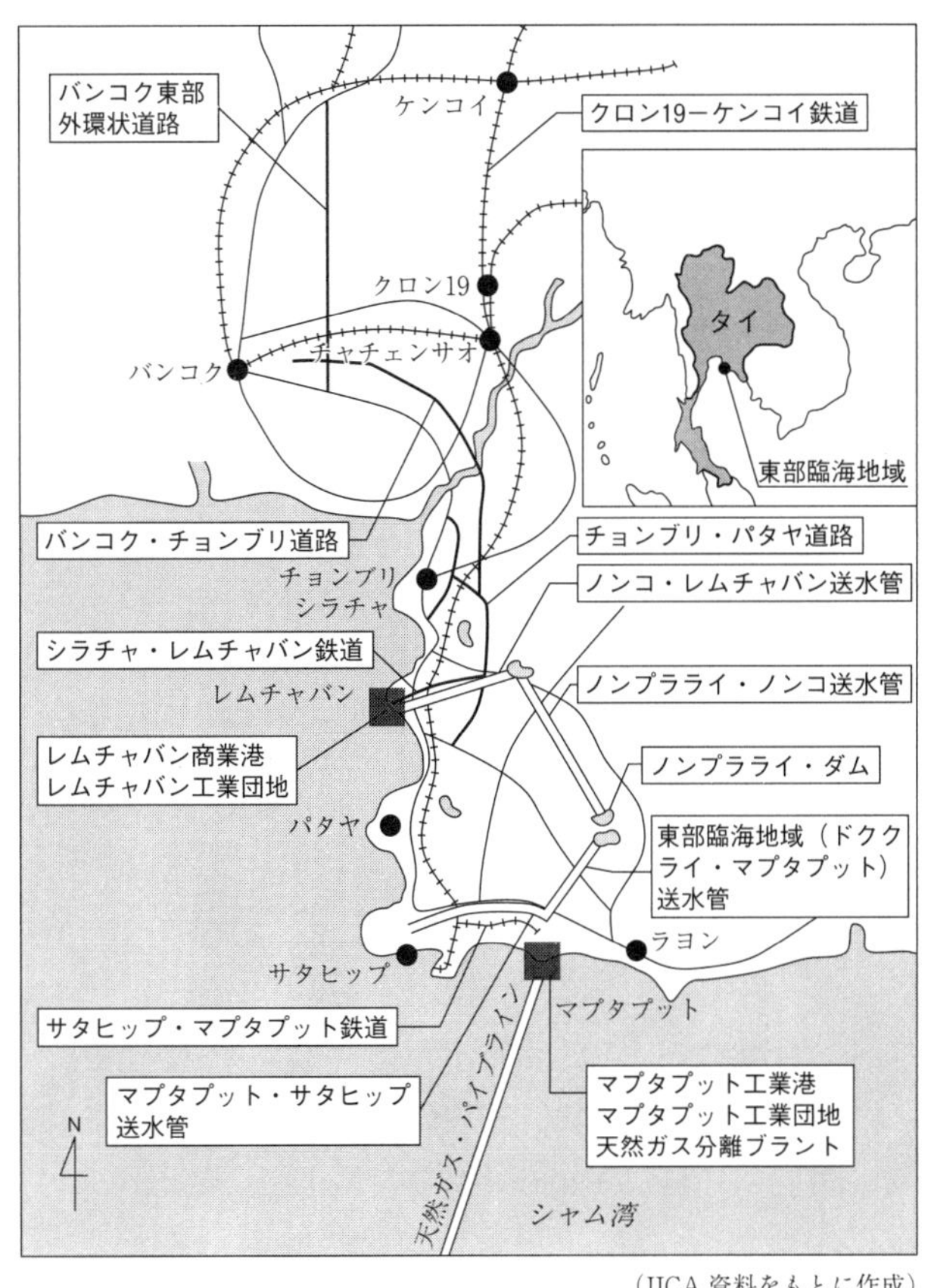

（JICA 資料をもとに作成）

図2-1　タイ東部臨海開発

利用を念頭に置いたからである。1985年のプラザ合意による円高も追い風となり、当時、日本からタイへの企業進出が進み、それに伴い両国間の貿易量も増加した。

現在、タイへの日本からの進出企業数は約6000社に及び、中国の約3万社、アメリカの約9000社に続き、世界で有数の主要投資先となっている。また、東部臨海開発が本格化した1985年から1989年の実績を見ると、タイと日本の輸出入量は3倍以上に増加し、タイの全貿易量に対する日本の割合は、輸入が約26%から約30%に、輸出が約13%から17%に増加した。

タイの工業化を牽引し、貿易や投資の面で日本との結びつきを強化した東部臨海開発は、東南アジアの製造業発展を促す代表的な開発モデルと評される。港湾を整備し、工業団地や経済特区を設け、道路、電気、水道の周辺インフラ整備を行うことで、企業活動の環境が整備され、貿易、投資、雇用の増加を実現した。開発協力を通じて日本経済にも裨益(ひえき)するモデルは、「経済協力」の名称によく合致した型と言える。

†「経済協力」の歴史

日本の開発協力はそもそも戦後賠償から始まっている。賠償の方法を役務提供でなく、対象国の産業基盤を支える資機材や設備の供与としたことが後の「経済協力」の発端になっている。これは、戦後復興を軌道に乗せたい日本の意向と対象国であるビルマやインドネシア等の要望が合致した結果であり、実際に水力発電所用の資機材供給や工場用の生産財供与が協力の対象であった。相手国の経済開発が日本企業の輸出に寄与する構図である。

1960年代以降、開発協力の体制が本格的に整えられると、円借款や無償資金協力で日本企業の受注を義務づける「ひも付き」制度が導入された。これにより、日本企業の参画が増え、設備や資機材の輸出や据付が促進され、現地進出も盛んとなった。また、相手国の経済成長を通じて、現地の購買能力向上が図られ、日本の製品販売が活発になっていった。

1980年代になると、この「経済協力」の手法が日本企業を利する不適切なやり方として欧米の批判を浴び、円借款事業で「ひも付き」を国際競争入札に変更するなど、制度の転換が進んだ。これにより、実際に日本企業の開発協力事業の受注実績は、1990年代以降、全体の3割程度まで低下した。その潮流に従い、外務省が途上国支援を所管する部局名を経済協力局から国際協力局に変えたのは2006年である。

一方で、バブル崩壊後の景気後退期間が長引くと、開発協力に日本企業の参画を求める要望が経済団体から寄せられ、資機材の3割を日本原産とする本邦技術活用条件の制度が円借款に導入された。民主党政権時に本格化した日本のインフラ輸出戦略も同じ文脈で考えることができる。

貿易、投資、雇用を促す経済循環型は、今でも有効な協力モデルとして実施されている。最近では、100社以上の企業が入居するミャンマーのティラワ経済特区が同様の協力モデルにより形成された。ミャンマーの工業化に貢献するはずであったが、第1章で述べたように、2021年の軍事クーデター後、稼働率が下がっている状況にある。他方、インドやバングラデシュ等、治安が安定し、日本からの投資が伸びている国々では、この経済循環型の開発モデルを採用する余地は大きい。

この開発モデルを採用する場合の留意点としては、途上国の政策や意向に合致し、現地への裨益が明らかであることが挙げられる。中国の協力が自国利益誘導型とされ、現地の企業や団体の反発を買っている現状に鑑みれば、協力の進め方に配慮が必要なことは明らかである。日本は、長年にわたる協力実績により、その知見が蓄積されている。日本らしい「三方よし」の精神で、支援する国、される国、両国の民間企業、現地の労働者のすべてが実利を得る協力が重要と言えよう。

†建設、運営、人材育成の開発セット型

開発協力において、事業効果が期待通りに上がらないことがある。病院は作ったが医療

機材が不足していたり、教材は揃ったが、教師の訓練が十分でなかったり、最新の放送機材を供与したが、管理できる技術者が不足していたりする場合である。事業開始前に日本と対象国でそれぞれの役割を明確にし、財源や作業の分担を約束するが、多くは途上国側の事情により、事業が捗らない事態が生じる。

それらの経験や教訓を踏まえ、確立されてきた手法が事業の上流から下流まで継続的に支援する開発セット型の協力である。具体的には、中長期の開発計画作りから、個別事業の実施可能性調査、詳細設計、建設、運営維持、人材育成まで、各段階で切れ目のない協力を行うものである。日本は、調査団派遣、資金および技術協力、招聘研修を通じて、計画策定や施設建設に加えて、運営維持に欠かせない知識や技術の伝授を図っている。具体例として、筆者が従事したマレーシアの職業訓練事業を紹介する。

現在、1人当たりの経済規模が約1万2000ドルとなり、開発協力からの「卒業移行国」に分類されるマレーシアだが、製造業を中心に高い経済成長を続けていた1970年代後半には、技術者を含む職業人材の育成が大きな課題となっていた。1981年に当時の鈴木善幸首相がアセアン諸国向けに人造り構想を提示した際、マレーシア政府は職業訓練分野に対する協力を要請した。具体的な事業として、職業訓練を指導する教員や民間の上級技能者の育成を目的とした中央直轄の職業訓練機関の設立を求めた。職能を有する人

材の裾野を広げるために、日本の職業訓練大学校のような指導者のための学校を必要としたのである。

これに対して、両政府の合意に基づき、日本は設計、建設、運営支援等の一連の協力を実行した。学校の正式名は、「職業訓練指導員・上級技能訓練センター」とされ、セランゴール州シャーラム地区に建設された。同センターは、本館、教室、宿泊施設からなる4階建ての建物と各学科に設置された約500種類の訓練機材から成り、これらに対して日本から計約44億円の資金が供与された。

写真2-2　マレーシアの職業訓練指導員・上級技能訓練センター（写真：CIAST）

センター運営の肝となるカリキュラム作りにおいては、日本から各学科の専門家が派遣され、自動車、工作機械、電気電子、金属加工等、計7科14部門で約147の科目が設けられた。1982年から1989年までの7年間で、日本から派遣された専門家の延べ人数は128名に上る。これらの専門家は、カリキュラム作りの他、機材を使った実地訓練や指導方法への助言等を行った。また、同期間にマレーシア側の事業関係者計66名が日本での研修に参加し、職業訓練行政や学校の運営状況について学んでいる。

1984年にセンターが正式開校した後、日本の協力が終了する1990年までの間に約6500名の生徒が訓練を受けた。なお、指導を受けた生徒には、インドネシアやフィリピンなど、周辺国からの研修生計156名が含まれる。これは、アセアンの人造り構想の下、アセアン諸国からの生徒受入れを想定した職業訓練校を計画していたためである。現在、情報通信の学科が創設され、受講生徒数は年間延べ約1万7000人に達し、マレーシアにおける職業訓練の中核機関となっている（写真2－2）。

†産官学による三位一体型

開発協力には、知見と実行能力が求められる。そのため、計画策定、現地調査、建設や資機材供与、運営支援等、各段階で専門知識を有する人材が不可欠となる。この観点で、事業推進には産官学の知見と協働が必要であり、この組み合わせが機能することで、開発協力の成果向上が図れる。

専門性のある人材と言えば、大学教授を含む有識者や技術者が挙げられる。実際、日本国内の大学教員や政府の技官が開発の現場で活躍する機会は多い。土木、保健、経営、教育の事業において、専門家として現地で従事したり、日本での研修事業で講師を担うなど、学術的な専門性を生かして活動している。

開発協力の現場で、筆者も多くの有識者と仕事をする機会に恵まれた。例えば、ベトナム北部に建設されたバイチャイ橋事業での調査が印象に残っている。橋梁建設地は、世界遺産に指定されたハロン湾の周辺地に位置していたため、環境保護と景観維持を専門とする大学教授に協力を依頼した。海から建設地を確認する作業を含め、一緒に現地調査を行ったうえで、必要な対策について助言を受け、提案書を作成してもらった。その適切な提言により、ユネスコ（国連教育科学文化機関）の了承を取りつけ、自然環境に配慮した橋梁事業を無事進めることができた。

また、途上国からの留学生受け入れや現地大学との共同研究の事業において、大学に当事者として参画を仰ぐ場合がある。例えば、アセアン諸国向けの工学系人材教育を行う「アセアン工学系高等教育ネットワーク」事業では、アセアン諸国の26大学と日本の14大学が協力し、留学生の学位取得プログラムや工学系の共同研究が実施されている。この事業により、2003年から2018年の協力期間において、計約1300名の修士や博士の学位取得者が輩出され、200件以上の共同研究が実現している。

最近では、JICAが主導し、途上国の留学生が日本の開発経験を学ぶ「開発大学院連携プログラム」も進行中である。すでに東京大学や一橋大学等、国内の約100大学がこの事業に参画しており、各大学の既存カリキュラムを利用したコース運営が行われている。また、その一環として、途上国の主要大学に「日本研究講座」の設置を行う活動も展開されている。すでに約50か国で大学の拠点作りが進行しており、日本から大学教員等の講師派遣が行われている。

「学」に加えて、開発協力における「産」の役割は重要である。民間企業の参画なしには協力事業が成り立たないと言える。支援対象となる公共事業等への建設受注から始まり、水道や高速道路等の官民連携型のインフラ整備への参加、技術協力の受託、長期開発計画作りへの助言、投資促進事業への商工会の参加等、多くの場面で民間企業が関与している。最近では、技術力にすぐれる中小企業の途上国進出を促進する協力も本格化している。

†分業と連携

産官学が三位一体で協力する事業も増えている。チュニジアのハイテクパーク事業はその好事例である。2000年代前半にチュニジア政府は水資源、エネルギー、情報通信等の分野で、産業技術の集積拠点作りを開始した。国内6か所でハイテクパークの建設が計画され、このうち、最も優先度の高い首都チュニス近郊のボルジュ・セドリア・テクノパークの建設に対し、日本に協力が求められた。円借款による資金協力が開始されたのは、

2005年である。

この協力を通じて、高等教育、研究開発、工業団地の各機能を担う大学都市、技術都市、イノベーションパークがテクノパーク内に整備された。さらに、生物工学、水資源管理、環境等の分野における人材育成として、日本への留学事業が実施された。チュニジアの学生は、筑波大学や京都大学の博士課程で学び、学位取得後はテクノパーク内に設立された国立ボルジュ・セドリア応用技術科学学院等で研究を継続している。

同学院は、エネルギーや生産技術の分野を柱とする専門大学で、校舎建設や研究機材に円借款が充当され、先端研究が実施可能な施設として運営されている。2018年には65名が第1期生として卒業を果たし、そのうち約8割が技術者として民間企業に就職している。同学院は、経済団体である産業商業工芸連盟と連携し、学生の企業インターンや民間企業との共同研究も促進している。「アラブの春」以降、チュニジアは10%を超える失業率に直面しているが、そうした中、大学との協力が雇用機会の創出にも寄与している。

筑波大学は、テクノパーク設立に先立ち、「地中海・北アフリカ研究センター」を学内に立ち上げ、チュニジアに事務所を設立した。癌（がん）抑制成分を含む地元のオリーブなどの植物研究を始め、研究機関と共同事業を継続している。同大学は、高機能オリーブの製品開発を行うため、加工技術に長けた岡山県下の企業と連携した活動も行っている。他に京都大学や九州大学の協力により、テクノパーク内に設置された複数の研究所がチュニジア国内の医療品会社と連携し、癌抑制や発毛の製品開発の研究を進めている。

三位一体型の事例には、途上国の人材育成と日本の地方自治体における雇用創出を同時に満たす事業も含まれる。最近では、バングラデシュ政府、宮崎市、宮崎大学、地元企業が協力する「宮崎・バングラデシュ・スタイル」が代表例である。これは、日本で就職を希望するバングラデシュの若手技術者に対して宮崎大学が研修を施し、宮崎市内の民間企業による雇用を促進する事業である。

雇用を実現するためには、語学習得が必須となる。このため、バングラデシュ国内で宮崎大学と現地大学の協力による5か月間に及ぶ日本語教育の研修が提供されている。来日後、宮崎大学で3か月間の語学の応用教育が行われ、並行して宮崎市内の企業でインターンシップが実施される。その後、研修の修了を経て、就職を斡旋（あっせん）し、地元で仕事を始めるまでが事業内容である。宮崎市は、企業の採用経費の一部を助成する制度にも着手している。この産官学連携を通じて、2018年4月から2022年7月までに延べ22社に計47名のバングラデシュ人の就職が実現している。

産官学連携の成否は、一つの事業目的の下にそれぞれの役割に基づいた分業が成立することである。「宮崎・バングラデシュ・スタイル」の場合は、技術者育成を目指すバングラデシュ政府、雇用を増やしたい宮崎市、研究や教育で開発協力に貢献できる宮崎大学、優秀な若手人材が欲しい地元企業というそれぞれの需要と活動が相まって、事業が成立している。この観点で、三位一体型の協力では、関係機関の需要を見定め、それぞれの役割と機能を明らかにし、各活動を通じて全参加者が成果を得るような制度設計が必須であると言えよう。

4　日本型協力の源流

†「お雇い外国人」の役割

日本の開発協力において、代表的な手法の1つは、さまざまな分野の日本人専門家を途上国政府に派遣することである。例えば、軍事クーデター前のミャンマーには、農業、通信、都市開発、防災、環境管理等の分野で10名以上の政策アドバイザーが派遣されていた。これらの専門家は、政府の計画策定や個別事業の形成支援等、まさに国造りの根幹を担う仕事に携わっている。

この専門家派遣の形態は、明治初期に日本が注力した外国からの知識吸収の試みが源流

表２−１　お雇い外国人の在籍状況（1874年）

省庁名	アメリカ	イギリス	フランス	ドイツ	その他	計
太政官	1	1	1	1	1	5
外務省	6	2	1	1	4	14
内務省	4	9	7	−	7	27
大蔵省	7	16	−	−	4	27
陸軍省	−	−	36	−	2	38
海軍省	−	29	36	−	1	66
文部省	14	25	10	24	4	77
工部省	7	185	13	6	17	228
司法省	1	1	4	−	2	8
宮内省	−	−	−	2	−	2
開拓使	7	1	−	3	−	11
計	47	269	108	37	42	503

（出所：梅溪昇『お雇い外国人』、単位：人）

となっている。その中で、いわゆる「お雇い外国人」の果たした役割は大きかった。受入れ人数が最も多かった明治７年（１８７４年）には、学術教師や技術者を中心に５００名を超える外国人専門家が来日した。派遣元の主な国籍は、イギリス、フランス、アメリカ、ドイツである（表２−１）。

配属先を役所別でみると、工業化に大きく寄与した工部省、教育普及が急務であった文部省、軍の近代化が必須の海軍省での人数が多かった。工部省では、もっぱらイギリス人が鉄道や通信の分野で主要な役割を担い、フランス人が造船や製鉄の分野に従事した。文部省はドイツ人の割合が比較的多かったが、これは日本がドイツ医学を手本としたことが影響している。海軍は当初からイギリスの教師団が中心となり、教育制度を整えた。

各分野で功績を残した外国人は数多い。近代日本の政治・法体制の基礎作りに貢献したフルベッキ（オランダ系アメリカ人だが、法律上無国籍）、民法・刑法の編纂を指導したボアソナード（フランス）、憲法制定に寄与したロエスレル（ドイツ）、陸軍の建設に功績のあるジュ・ブスケ（フランス）、海軍の近代化を支えたドゥグラス（イギリス）、貨幣制度の創設者キンドル（イギリス）、銀行経営の発展に尽くしたシャンド（イギリス）、生物学のモース（アメリカ）、美術のフェノロサ（アメリカ）等、その中の何名かは日本の教科書にも名前が出てくる。

これらの専門家たちによって、欧米の知識、文化、生活様式が流入し、明治初期の日本の近代化や西欧化が加速度的に進んだ。太陽暦の採用、西洋式簿記法の導入、電気、電信、ガス灯の使用、鉄道の建設、洋服の普及等、枚挙にいとまがない。明治政府は、「お雇い外国人」の助けを借りて、欧米先進国の近代的な諸制度や生産技術の移植を行い、国家の基盤作りに成果を上げたと言える。

来日人数が総計3000人とも言われる「お雇い外国人」は、おおむね期待された役割を果たしたと評価される。中には、ジュ・ブスケや外交面で活躍したデニソン（アメリカ）など、日本でその生涯を終えた者もいる。欧米の知識や技術を貪欲に吸収する方針があったとはいえ、当時の明治政府において、このように「お雇い外国人」が活躍できた秘訣は何であったろうか。

†活躍の秘訣

第一に、優秀な人物の招聘を実現した点が挙げられる。前述のロエスレルやドイツ軍のメッケル少佐等、派遣国において指導的立場にある者や第一線で活躍する人材を日本に呼ぶことができた。中には、職業機会を当てにした専門性に欠ける者も含まれていたが、人物を選定する際には、現地の日本大使館や国費留学生たちが有力者や自らの人脈を辿って、能動的に人材確保に努力した。

第二に、招聘に当たって高額の報酬を支払ったことである。フルベッキやロエスレルの当時の月給は、太政大臣の三条実美（さんじょうさねとみ）や右大臣の岩倉具視と比べても遜色がない。すなわち、招聘した外国人に大臣級の給料を支払っていたのである。派遣に伴う旅費や日本の滞在費も日本政府持ちである。この高額な報酬が専門家としての職務遂行意識を高め、成果追求の動機につながった面がある。「お雇い」と言うのは、まさに日本政府が雇用したかたちで来日しているからである。

第三に、「お雇い外国人」にはあくまで政府の助言者としての立場を徹底させたことである。明治の指導者たちは、助言や提案を受けても政策決定権は自らにあるとの姿勢を堅持した。これは、貧しく小さな国であっても、自国のことは自らが決めるとの強固な主体性を発揮したことを意味する。この観点で、権力欲の強い外国人は敬遠される傾向にあった。前述のキンドルは、貨幣制度の定着に貢献したが、専門家の立場を笠に着て造幣寮の職員を軽侮する尊大な態度が嫌われ、ついには周りから排斥されて解雇に至った。

第四に、外国人に頼る時期を短縮したことである。実際の招聘は明治10年前後が最盛期で、明治20年には来日する専門家の数は100名程度となり、その役割が縮小していった。この背景には、高額な経費問題が政府の財政を悩ませていたことが挙げられる。例えば、工部省における明治7年の「お雇い外国人」に払う俸給は、同省所管の全経費予算のうち、実に3割以上を占めた。そのような懐事情もあり、明治政府はなるべく短期間に専門知識の吸収を図る動機が強かったのである。

第五に、学ぶほうの日本人側も必死だったことが挙げられる。開国間もない日本は、国力が乏しい状態で弱肉強食の国際社会に投げ出された。国家全体の危機感は、今では想像できないほど大きかったと言えよう。さらに、前述の経費節減の観点で、「お雇い外国人」への依存から一日も早く脱却し、自立する意識が高かった。生徒もその状況を認識しており、自負心を持って必死に授業にくらいついた。その証左として、当時の工部大学校では、明治12年の第1回卒業生から明治18年の第7回卒業生まで、計411名の技術者育成が成し遂げられた。

現在の日本による専門家派遣は、途上国の要請に基づき、日本側の基準で人材の選定がなされ、派遣経費は日本の負担となっている。このため、場合により途上国側の姿勢は受け身になり、知識や技術の吸収に真剣味が欠ける場合がある。この観点で、外国人の関与が大きな成果を上げた明治期の経験を改めて想起し、現在の手法に改善を加える努力が必要になっている。

†富国化の拠点作り

貧しい国が所得を上げるためには、富の源泉となる産業振興や生産力向上が必要である。明治政府は、「お雇い外国人」の助けを得ながら、欧米の経済体制に学び、旺盛な活力で技術や設備の導入を急いだ。その中で力点を置いた施策の1つが殖産興業を推進するための拠点作りである。

工業の近代化を急いだ政府は、江戸幕府や諸藩が所有していた鉱山や工場を接収し、民間事業の買い上げを進め、工部省、内務省、陸海軍の所管とした（表2－2）。

いわゆる官営事業を通じた産業振興であり、軍事と外貨獲得に資する有望な事業に重点が置かれた。具体的な対象は、前者では鉱山、造船、材料科学、後者では鉱山、紡績等である。輸出分野では、特に繊維産業を重視し、政府は富岡製糸場や堺紡績所を官営工場と

表2-2　殖産興業下の主な官営工場・鉱山

工部省	鉱山部門	佐渡金山、生野銀山、釜石鉄山、三池炭鉱など
	工作部門	長崎造船所、兵庫造船所、赤羽工作分局、深川工作分局
内務省	勧農部門	駒場農学校、三田育種場
	牧畜部門	駒場種苗場、下総牧羊場
	製糸部門	富岡製糸場、新町屑糸紡績所
	紡績部門	愛知紡績所、堺紡績所、広島紡績所
	毛織物部門	千住製絨所（陸海軍制服）
陸軍省・海軍省	砲兵工廠	東京、大阪
	火薬工場	板橋、目黒
	造船所	東京石川島、横須賀

（出所：大野健一『途上国ニッポンの歩み』をもとに作成）

して設立し、蒸気駆動の製糸機導入による大量生産に着手した。

繊維産業では、民間でも国産のガラ紡と呼ばれる安価で使い勝手の良い紡績機が普及し、小規模工場が増加した。民間の工場には、富岡製糸場で技術を習得した工女が指導を行うことで、従業員の技能が向上し、工場制機械工業の発展が進んだ。事実として、綿糸の場合、生産量は1889年（明治22年）から1899年（明治32年）までの10年間で約11倍の増加となり、生産性も2倍近くに向上した。外貨獲得の面でも貢献し、1899年には製糸、綿糸、綿織物を合わせた総輸出額は、全輸出の約5割を占めるに至っている。

国の経済発展局面を分析する際、貿易構造に焦点を当てる方法がある。第1節でも触れたが、これは長期的な発展過程における比較優位の変化に着目するものである。通常、貿易構造は、⑴伝統品輸出、⑵軽工業品の輸入代替、⑶競争力をつけた軽工業品の輸出、⑷重工業品の輸入代替、⑸重工業品の輸出、といった過程を辿る。戦後に独立を果たしたアセアン諸国もおおむねこの経路に沿った発展段階を経験した。この考えに基づけば、当時の明治政府は、維新後、約20年間で繊維産業を⑶の段階まで到達させたことになる。

官営工場は、経営面では必ずしも成功したものばかりではないが、産業振興の象徴となり、民間分野の活動を拡大する基礎となった。その後、日清・日露の戦争を経て、造船や鉄鋼業を中心とする重工業が発展し、日本は前述した発展過程の⑷から⑸に移行した。例えば、1901年に北九州に設けられた官営八幡製鉄所は、設立後わずか約10年間で銑鉄(せんてつ)と鋼材の生産量をそれぞれ約5倍および約40倍に増やし、重工業基盤の確立に貢献した（写真2－3）。

写真2－3　官営八幡製鉄所

一方、これらの産業を活発化させたのが、物流や金融の産業インフラである。鉄道や道路等の物的インフラに加え、特に産業資本の調達を可能とする銀行制度の発展がこの時期の発展を支えた。維新後約20年間で、日本銀行券の普及が拡大し、政府紙幣の銀兌換を認める銀本位制の確立に至っている。

これらの富国化の処方箋は、現在の開発協力にも採用されている。(1)途上国の産業状況を把握し、競争力の有無を診断し、産業政策作りを支援する、(2)生産性向上のため、技能訓練の制度を整え、人的資本を強化する、(3)運輸網の整備を行う、(4)産業資金の供給のために金融制度を整える、などである。明治初期の日本の経験は、途上国に対する開発協力の模範となるものであり、既述のように、経済発展の道筋を理解する貴重な「教科書」の役割を果たしうる。

台湾の経済開発

国内の開発経験を海外に移植する場合、対象国の国情や経済環境を考慮し、現地に適応した取組みを行う必要がある。その観点で、戦前に日本の統治下にあった台湾における経済開発は、現地重視の手法が採用されたことで、実際に効果を上げた。筆者が留学時代に知り合った台湾人研究者は、台湾のインフラ整備と教育普及は日本統治の成果であると述べ、手法の妥当性のみならず、特に社会の発展を志向する精神の移植が重要だったとよく話していた。

台湾の日本統治は、日清戦争の敗戦で清朝が台湾を日本に割譲した1895年（明治28

年）から、第二次世界大戦終了時の１９４５年（昭和20年）まで続いた。この間、日本国内の法制をそのまま適用する「内地延長主義」ではなく、台湾独自の法制を整備し、適用する「特別統治主義」がとられた。この統治方法に基づき、現地の事情に根ざした経済開発が推進されたのである。

統治下の50年間で、鉄道、道路、港湾、学校等の主要インフラの整備が進んだが、特に後藤新平が民政長官を担った１８９８年（明治31年）から１９０６年（明治39年）の施政がその後の経済開発手法の礎となった。後藤は後に満鉄総裁や内務大臣等の重職を歴任する人物である。台湾赴任当時、治安問題や風土病の蔓延で統治の困難さが露わになっていたが、後藤は「力で抑える」それまでの手法を変更し、現地主義による開発体制を根づかせていった。

後藤の姿勢は、現地の事情を尊重し、それに応じた治政を行うものであった。着任初期に記した「台湾統治救急案」で、従来の当局側のやり方を痛烈に批判している。すなわち、台湾独自の自治の制度を無視し、現地の実情に合わない法律を作り、見た目だけ文明的な体裁を整えてきたと糾弾したのである。さらに、むやみに文明国の制度や方法を移植する施策は、現地を苦しめる虐政と主張した。そして、台湾の慣習や従来の制度を客観的に調査し、実情に適した開発手法を強く推奨し、自らも率先して行動した。

実際に後藤が主導したのが現地の本格的な実情調査である。いわゆる台湾旧慣調査事業と呼ばれるもので、京都大学から専門家を呼び寄せ、自らが台湾旧慣調査会の会長となり、学術的な方法で調査を行った。その一部には、大規模な土地調査事業も含まれていた。

台湾の土地や租税に関する権利義務関係は、日本や欧米のものと大きく異なっていたため、その実態を把握し、土地台帳の整備を行うことが目的だった。これについては、別途、臨時台湾土地調査局を新設し、後藤自らが局長となり、調査を推進した。そして、綿密な調査が完了すると、その結果に基づいて土地所有権の所在を明らかにし、農地租税の制度化を実現したのである。

これに並行して、道路整備、台湾縦貫鉄道、上下水道、港湾等のインフラ整備が進められた。縦貫鉄道は官設鉄道として建設することに決まり、台湾事業公債法による財源確保が実現すると、後藤自らが台湾鉄道部長となり、事業の監督を行った。実際の指揮を執る責任者は、日本鉄道から招いた長谷川謹介に任せ、既存路線の大規模な改良と新竹─高雄(当時の名称は打狗)間の建設を進めた。

事業は、後藤離任後の1908年(明治41年)に全区間の開業に至る。縦貫鉄道は、北端で基隆港、南端で高雄港とつながり、台湾の産品輸出や日本からの物資輸入を実現し、物流面で大きな貢献を果たした。

†「生物学の原理」に基づく施策

台湾の産業育成では、製糖業の近代化がよく知られている。アメリカから新渡戸稲造を招聘し、綿密な基礎調査に基づき、生産拡大を推進した。さとうきびの品種改良や耕作方法の改善を図り、補助金付与を通じた育成政策を行い、台湾製糖会社等の近代的な工場の設立を通じて、砂糖の生産量増加を図った。後藤が着任した際に約3万トンであった生産量は、離任時に約6万トンとなり、その後約30年を経た1937年（昭和12年）には約100万トンに達している。

さらに、産業を金融面で支える台湾銀行が設立されると、前述の土地調査事業や鉄道建設等のインフラ整備に公債を発行し、金融面で主要な役割を担った。1899年に設立された同銀行は、台湾の貨幣を発行する権限を与えられ、国内最大の商業銀行として、産業資金の調達を支えた。このような一連の施策は、殖産興業を推進した明治初期の開発経験を想起させる。

後藤が民政長官の任にあった期間は、8年8か月であるが、その経済開発の手法を改めて要約すると以下のようになる。⑴現地の実情を詳細に把握し、それに基づいた取組みを徹底したこと、⑵自ら各事業の直接の監督者となり、率先垂範の姿勢を貫いたこと、⑶事業の実行に適した人材を確保し、実際の責任者として実務を任せたこと、(4)計画の推進や財源確保のため、日本国内の有力政治家への直談判を辞さなかったこと、(5)事業成果を上げる種々の仕組みを継続的に構築したこと、である。

医学を学んだ後藤は、「生物学の原理」を重んじ、国家を生物に見立て、その運営に必要な生理的な構造を明らかにすることで、有効な施策を立案し、実行に移した。社会を成り立たせている制度や慣行に特有の法則を見つけ出し、それに適した対応を実践する手法を採用した。このような科学的な視点による経済開発の方法は、現在でも有用である。開発協力を医療にたとえ、「国の現状を臨床医師のように診断し、有効な手立てを検討し、治療を施す取組み」と評するジェフリー・サックスや医学に用いられる「ランダム化比較実験」を貧困削減に適用するアビジット・バナジーなどの開発経済学者が第一線で活躍している。

†借入資金の有効利用

日本の開発協力の特徴は、支援全体に占める円借款の割合が約5割と大きいことである。これは、戦後に世銀から供与された長期融資を有効に利用した経験が影響している。資金の借入は、返済義務を生じるため、無駄を省き、費用を抑え、事業効果を最大化する動機が働く。日本は、世銀融資を活用し、高度経済成長を支える一連の事業群を着実に実行していった。

1950年代にアジア最大の鉄鋼業者だった八幡製鉄も世銀融資を有効に利用した実績がある。当時、鉄鋼とともに造船を重視する日本政府の方針に従い、大型厚板設備の拡充を図るため、1955年に世銀から530万ドルの融資を借入れた。この融資により、八幡地区の新厚板工場には、近代的な圧延機を含む設備や新技術が導入され、2年弱で完成した工場は、月産3万5000トンを実現し、当時において日本最大規模となった。

鉄鋼分野の他にも、映画にもなった黒部第四水力発電所、尼崎―栗東間の名神高速や豊川―小牧間の東名高速、当時「夢の超特急」と評された東海道新幹線など、日本の「国家プロジェクト」の数々に世銀融資が用いられた。いずれも難工事を乗り越えながら、成功裏に事業が完了している。これらの大型事業には高い技術力が必要であったが、当時のエピソードとして、日本の技術者の知見が海外の専門家をたびたびうならせた話が残っている。

黒部第四水力発電所の場合、岩盤強度に対する疑念から、ダムの高さを186メートルから150メートルに下げる提案を世銀の専門家が行った。これに対し、関西電力の技術者たちはフランスから取寄せた計測機器等を用いて、岩盤や地質の状況を確認し、その結果をもって外国人専門家の提言を斥け、当初計画通りの高さを維持した。また、北海道篠津地域の泥炭地開発事業において、牧草地化や畑作を主張する世銀を説得し、世界で初めて泥炭地の水田化に成功した。このように、世銀の事業を巡っては、日本人の自尊心をくすぐる話に事欠かない。

世銀融資は、１９５０年代から１９６０年代にかけて、鉄鋼、造船、電力、農業等の分野に計31件、合計８億６３００万ドルが供与された。この融資を利用しながら、日本が世界第2位の経済大国に躍り出たのは１９６８年であり、世銀に対する資金の返済が完了したのは、その22年後の１９９０年である。今や日本は世銀の大口出資国となり、国内の投資家が世銀債を購入し、その活動に貢献している。

世銀融資を受けた日本は、身をもって自国の開発に利用し、協力の一手段である融資の有効性を証明した。その経験を踏まえながら、日本は円借款の供与を通じて、途上国への開発協力を継続している。１９５８年に最初の円借款をインドに供与してから現在まで、この長期かつ低利の融資を利用している国の数は約１００か国に上る。

第３章
インフラ協力の新たな価値づけ

ケニアのモンバサ港（写真：JICA）

1 「インパクト・インフラ」という考え方

†建設業者の海外受注

日本のインフラ協力には、能力のある建設業者の参画が不可欠である。開発協力で対象となる公共事業は、相手国が威信をかけて取組む「国家プロジェクト」が多く、国内外の注目度が高くなる。そのため、工事の失敗は許されない。

病院や学校を対象とする無償資金協力の場合は、日本企業の受注が条件となっている。また、円借款の場合は、国際競争入札が基本であるものの、日本企業の参画を促す本邦技術活用条件が一部含まれる。施工能力にすぐれる日本の建設企業が受注すれば、現地において「日本の顔が見える」支援にもなる。

本邦企業に対する途上国の評判は一般に良好である。質の高さ、経験の豊富さ、工期の正確さ、仕事の丁寧さなど、本邦企業ならではの強みとなっている。現地職員の雇用、技術移転、周辺地域への社会貢献も高評価の一端につながっている。工事の発注側も企業の姿勢に影響を受ける場合がある。インドのデリー地下鉄公社は、建設に従事した本邦企業の姿勢に学び、時間遵守や勤勉さを社風としている。「コーキ（工期）」の言葉が公社職員に定着しているのは有名な話である。

途上国の「国家プロジェクト」を受注した際は、報道に出る機会が多いため、本邦企業は多くの海外事業を手掛けている印象が強い。しかし、建設業界全体の受注実績額から見ると、実際の割合は小さい。国土交通省の調査では、コロナ流行前にあたる２０１９年の建設工事受注高約15兆円のうち、海外工事は約８０００億円にとどまり、その割合はわずか5・3％である。海外工事のうち、開発協力事業に絞ると、さらに、その約1割となる。すなわち、建設業界において、「開発協力市場」が占める受注の割合は全体の1％未満の水準である。

最近は、コロナ禍による需要減、政情不安、物価高騰の影響もあり、途上国における事業参画には逆風が吹いている。２０２１年以降だけでも、ミャンマーの軍事クーデター、ロシアのウクライナ侵攻による物流費用の増加、円安の進行、債務危機の到来により、一部の国では既存の契約続行にも難を来たす状況が続いている。例えば、材料価格が上がっても、その増加分を途上国政府が容易に支払わない事態が頻発している。このような情勢の中で、本邦企業は開発協力事業への参画に慎重な姿勢をとらざるを得なくなっている。

一方、建設業自体は、高年齢化や人材不足の課題に直面している。１９９０年代末には約60万業者、計700万人の就業者が存在したが、最近では、業者数は50万を切り、就業者は約500万人で推移している。就業者のうち60歳代以上が全体の約2割を占める現在、若手への技術継承が進まないことを懸念する声も多い。日本の業種別構成比で、建設業はいまだGDP比約5％を占める主要産業であり、業界全体の体力強化が急務となっている。

このように日本の建設業界は課題を抱えており、かつ途上国の事業参画に慎重になる傾向にあるが、一方で強い関心を示す声もある。日本国内で新幹線や地下鉄の新規事業が減る中、開発協力が対象とする「国家プロジェクト」への参画を通じて、若手技術者に経験を積ませようとする見方である。国際空港、都市鉄道、高速道路、大型橋梁、水道設備等、途上国のインフラ需要は旺盛であり、実際に従事した建設企業の職員からは、「醍醐味を味わった」「大きな達成感がある」「現地の人々と触れ合いが持てた」との感想がよく聞かれる。

日本政府は、「インフラシステム海外展開戦略2025」を策定しており、2025年までに34兆円の受注を目指すとしている。この数字には、製品輸出が含まれ、海外での建設受注はその一部であるが、「開発協力市場」での受注増も期待されている。そのため、建設自体に加え、最近では事業完成後の運営維持の分野でも日本企業の参画促進を図ろうとしている。特に都市鉄道では、ドバイメトロのように日本企業が運営維持業務に参加している事例があり、開発協力においても今後有望な分野に位置づけられる。

†質の高いインフラ投資

中国が広域経済圏の形成を目指して推進する「一帯一路」の事業を念頭に、先進国が中心となって打ち出した方針が「質の高いインフラ」による協力である。2019年のG20大阪サミットにおいて、この方針が正式に確認された。現在増加しつつある世界のインフラ需要に対し、量的観点でなく、質を重視する姿勢を強調したものである。

「質の高いインフラ」の原則は6つの要素から構成されている。(1)持続可能な成長と開発に対する効果の最大化、(2)ライフサイクルコストから見た経済性、(3)環境への配慮、(4)自然災害等のリスクに対する強靭性、(5)社会への配慮（利用の開放性を含む）、(6)インフラガバナンスの強化、である。これらは、本邦企業が従来推進してきたものでもあるが、改めて国際基準として確認されたことに意義がある。

(1)は、インフラ協力を通じ、建設作業に加えて現地で雇用創出や技術移転を図ることである。相手国企業の能力向上や生産性の改善を通じて、経済効果を大きくすることを意図する。中国企業の場合、事業に従事するのはもっぱら中国人であり、現地の雇用が増えないとの批判がある。

(2)は、建設時のみならず、運営維持も含めた総合的な費用を重視するものである。途上国政府は、短期的な視点から建設費用のみで受注者を決める傾向にあるが、同じ金額でも施設が頑丈かつ長持ちであれば、将来の維持管理費用を節減することができる。この原則は、「安かろう、悪かろう」によって、のちのち損害を被る事態を避けることを眼目にしている。

(3)は、建設工事による生態系、生物多様性、気候等への悪影響を極力避けるものである。事業の準備段階で詳細な環境影響評価を行い、その結果に基づいた環境配慮を事業中に施すことを基本とする。新興国が融資する場合は、環境ガイドライン等の実施基準が甘くなる傾向にある。

(4)は、強風や豪雨に耐えうる強靭な施設の重要性を強調するものである。例えば、橋梁事業の場合、風洞実験等を通じて、強風に備える設計が不可欠となる。設計基準が甘く、豪雨ですぐ壊れるような堤防であれば、洪水災害で多くの人命が失われることになる。設計基準や施工が十分でなければ、甚大な事故につながる恐れがあることに配慮すべきとの趣旨である。

(5)は、高齢者や障害者等にも使い勝手の良い施設の必要性を述べたものである。利用者の安全性、ジェンダー平等、社会的弱者等への配慮を重視する原則である。車いすの利用、視覚障害者向け展示板の設置、女性用車両の導入等、完成後の運用も見据えた「ユニバーサルデザイン」の適用が求められる。

(6)は、入札時における開放性や透明性、また、インフラ協力を融資で行う際の債務持続性の配慮等を含む。特定の企業しか受注できないような恣意的な調達方法を避け、入札方法や参加企業の情報公開を求める内容である。また、借入国に過剰な債務負担とならぬように、適切な規模の融資額に配慮することを強調している。

これらの原則は、先進国の立場からは首肯できるものであるが、途上国からすれば高い水準の要求となる。例えば、強靭性の高い施設を建設する場合、必要な費用も当然増加する。そもそも財政事情が苦しい国での事業である。無償資金協力のように、支援国側が全額を負担するのであれば、異議はないであろうが、借入の場合は返済負担が生じる。また、環境配慮については、その分野の専門官が途上国側にいることが前提であるが、人員不足が通常であり、各対策の是非を判断できる能力が必ずしも十分でない。

このため、途上国からすれば、手続きが容易で費用の安い新興国の支援は魅力的に映る。中国の場合、事前調査から事業実施まで、すべて同国の企業が賄う体制となっている。また、環境配慮に関する相手国政府への注文も少ない。そのため、支援を受ける途上国からすれば、遇しやすく、事業が早く進んで好都合となる。

この観点で、日本を含む先進国がインフラ協力の競争性を高めるためには、途上国の負担を軽減し、能力開発等の支援を同時に行うような取組みが必要である。例えば、インフラ事業に必要な設計作業の経費を支援側が負担することや環境管理に関する技術協力を提供することなどである。単に主張するだけでなく、途上国側の視点に基づき、「質の高いインフラ」を受け入れやすくする工夫が求められている。

†平和に貢献するインフラ

インフラ事業の中には、本来の目的以外に副次的な効果をもたらす場合がある。開発協力の文脈でよく例に出されるのは、「水道事業を行えば女の子の勉強時間が増える」効果である。途上国では、都市部を除けば家に水道管が引かれている家庭は少ない。いまだに井戸や公共栓の利用が通常である。そして、家からの長い距離を水汲みに出かけるのは基本的に女性である。このため、水道施設が完備されれば、女の子に時間の余裕が生まれ、家で勉強ができるようになる。

この副次的な効果は、「質の高いインフラ」の特色とも言える。同じ文脈で、単体のインフラ事業が社会経済面の便益のみならず、地域の安定に貢献し、安全保障面で効果を発揮する場合がある。例えば、日本が協力した過去の事業では、タイとラオスの国境を結ぶ第二メコン国際橋がそれに含まれる。

両国の地方都市に建設されたメコン河を跨ぐ橋は、地域経済の活性化に加え、近隣国との物流を促進し、メコン地域を横断する東西経済回廊上の重要インフラとして機能している。当時、西側陣営のタイからすれば、旧社会主義国であるラオスやベトナムのアセアンへの統合が喫緊の課題であり、国際橋はメコン地域を「戦場から市場へ」転換する役割を担った。完成時には、関係国間の友好を示す象徴事業として、記念切手も発行されている。地域の安定に寄与した本事業の詳細は次節で述べることにしたい。

最近では、インドのアンダマン・ニコバル諸島の太陽光発電が類似の事例として挙げられる。これは海上輸送の要衝であるマラッカ海峡に面した島における日本の支援事業である。場所は、中国が進める「一帯一路」の「海のシルクロード」上に位置している。見方によれば、インドと国境問題を抱える中国への対応策として、日本が協力に参画しているかたちになる。すなわち、日本が支援国となることで、単体のインフラ事業が膨張主義に対する抑止力の性格を帯びる構図である。

質の高さに加え、安全保障面にも寄与するこれらのインフラ事業は、当事国に大きなインパクトをもたらす。このように多元的な価値を同時に実現する事業を「インパクト・インフラ」と呼ぶならば、日本はその実現に協力することで、国際社会の安定に寄与できる。

「インパクト・インフラ」への協力に関し、留意すべき点は何であろうか。まずは、事業の選定に当たり、以前にも増して地政学の視点や当該国の国内政治への目配りが必要になることである。スリランカのハンバントータ港のように、中国支援による事業が為政者の権威づけに活用され、同時に周辺国から安全保障面で懸念の眼を向けられる場合がある。候補事業が帯びる政治性には注意を払い、慎重な検討が求められる。

また、中国やインドを代表格とする新興国の支援動向を把握し、債務持続性の観点から最も適切な資金協力手段を選択することも重要である。事業の性質によっては、返済義務の無い無償資金協力の活用も考えられる。返済能力に乏しいウクライナの復興支援には、多額の無償資金協力が実施されている。

さらに、新興国による支援との比較において、途上国から不満の多い協力の迅速性にも改善が求められる。スピード感のある支援が可能になれば、日本の協力に対する需要がより高まるに違いない。

安全保障の観点で、開発協力に一層の戦略性が求められる中、インフラ協力にも新たな価値を見いだす姿勢が必要となっている。「インパクト・インフラ」の概念は、その文脈に位置づけられるものである。次節では、特に「連結性強化」の事業に焦点を当て、「インパクト・インフラ」の実績や活用について論じていきたい。

2　連結性強化と地域の安定

†アフリカ北部回廊による共同体構築

　２０２２年５月、南スーダンの首都ジュバでナイル架橋事業の完成式典が行われた。２０１１年の独立以来、内戦による３度の工事中断を乗り越え、全長５６０メートルのアーチ型鋼橋がナイル河の両端を結んだ。現地の人々は、同国の平和と自由の象徴として、この橋を「フリーダム・ブリッジ（自由の橋）」と呼んでいる。建設に協力した日本に対し、式典に出席したキール大統領は、「この橋は、南スーダンと日本の真の友情を示す永続的な証拠となるであろう。この素晴らしい贈り物をくれた日本の国民と政府に感謝をする」と述べた。

　南スーダンは、スーダン共和国の南部10州が分離し、アフリカ大陸54番目の国家として２０１１年に独立を果たした新しい国家である。アラブ系のムスリムが主流のスーダン北部と長年対立し、アフリカ最長となる内戦を経た末に独立が実現した。その間、犠牲者の数は２００万人に達したと言われる。また、60を超える多民族国家であることが要因となり、独立後も国内で武装衝突が頻発している。このため、人口の約3割に当たる370万人以上の難民や国内避難民が存在する。治安はようやく落ち着きつつあり、新たな国づくりが進む中で、「フリーダム・ブリッジ」は、国の未来を象徴する記念事業に位置づけられたのである（写真3-1）。

写真3-1　南スーダンの「フリーダム・ブリッジ」（写真：JICA）

内陸国である南スーダンは、中央に大湿原地帯があり、国内の物流に地理上の障害がある。そのうえ、独立前の内戦によるインフラ施設の荒廃もあり、交通網の開発が遅れていた。多くの物資を輸入に頼る南スーダンにとって、幹線道路を通じて隣国のウガンダやケニアとつながるには、ナイル河を渡る新橋の建設が不可欠であった。

今回の橋の完成により、ジュバからウガンダの首都カンパラやケニアの首都ナイロビに至る路線に連結し、北アフリカの主要港があるケニアのモンバサまでの物流網が確立された。まさに、国家復興の生命線ともいえる域内の道路網がつながったのである。

この道路網は、アフリカ北部回廊と称され、東アフリカ共同体（ＥＡＣ）構想を実現する中核のインフラ事業となっている（図3-1）。EACは、海岸線を有するケニアおよびタンザニアと内陸国であるウガンダ、ルワンダ、ブルンジ、南スーダン、コンゴ民主共和国の計7か国で構成されている。

EACは、1960年代にケニア、タンザニア、ウガンダの3か国で始まり、1970年代に構成国の関係悪化のため一時解消に至るが、2000年代の情勢変化によって復活し、現在に至る。2022年に約9000万人の人口を擁するコンゴ民主共和国が新たに加盟したことで、EACの総人口は約2億7000万人に膨らんだ。

域内では関税同盟が実現しており、構成国が原産地と認められた品目は原則関税がかからない。また、域外諸国からの輸入品に対しては、共同体構成国は一律の関税率を課している。一部の国の間では人の往来も自由化が進んでいる。この関税同盟による貿易促進の鍵を握るのが域内の物流網であり、最も重要な路線が先に触れたケニアのモンバサ港と内陸国を結ぶアフリカ北部回廊である。

†日本が支援する「インパクト・インフラ」

日本はこの回廊整備に長年協力してきた。特に荷揚げの需要が増加し、取扱能力の拡大を要するモンバサ港の拡張事業には、継続的に資金協力を実施している。2016年から

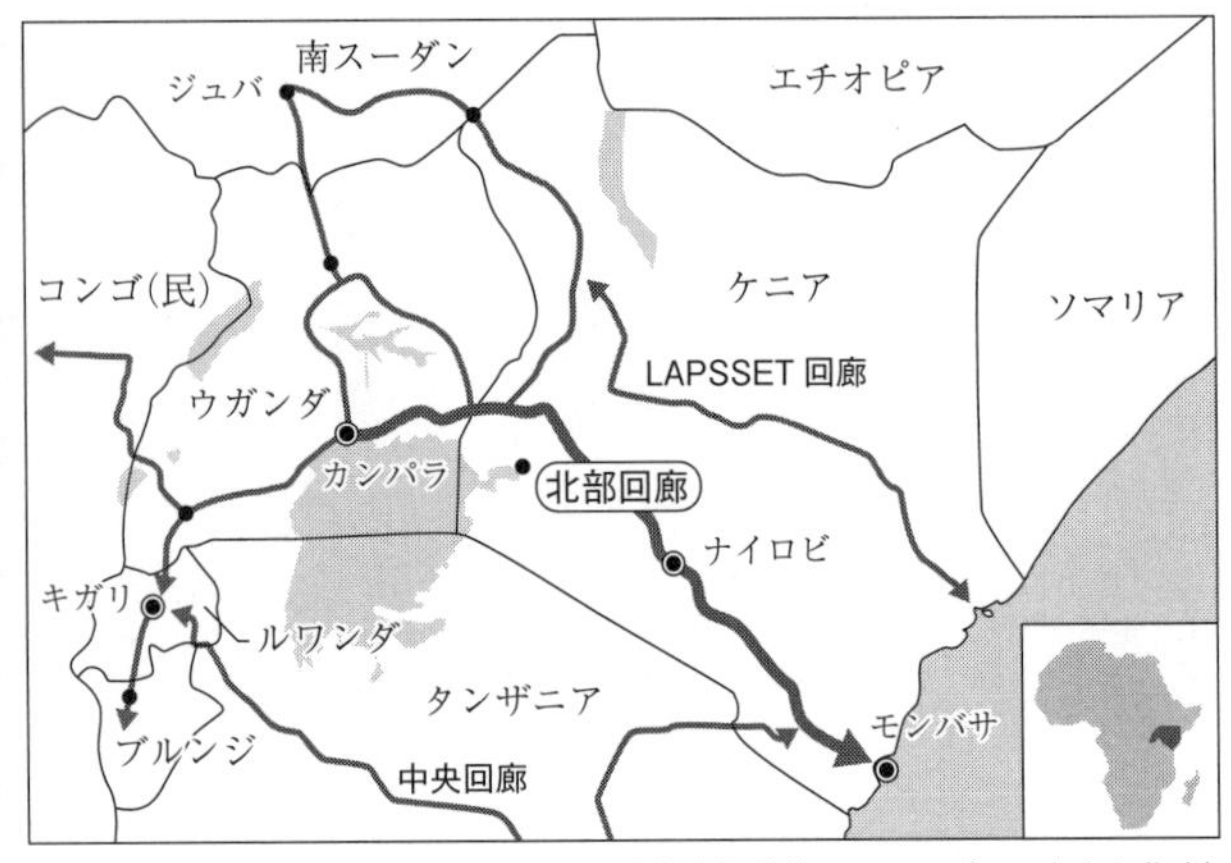

（出所：JICA「アフリカ地域北部回廊物流網整備マスタープラン」より作成）

図３－１　アフリカ北部回廊

２０２２年の間だけでも、大型コンテナ船が接岸可能な岸壁やコンテナターミナルの拡張が２期にわたって行われ、コンテナの取扱量は２０１５年の約１００万ＴＥＵから約１５０万ＴＥＵに増えている。

同港で取扱う貨物のうち、ケニア以外に運ばれる全量の約８割はウガンダ向けであり、残りの約２割が他の隣接国向けである。このように、ＥＡＣの内陸国にとって、モンバサ港は外国との輸出入における海の玄関口となっており、同港湾の開発は域内全体の物流促進に貢献している。現在、この港湾事業に加えて、隣接地における経済特区の整備やモンバサ市内の道路建設を含む運輸網の確立にも日本の支援が行われている。

隣国ウガンダでも回廊を構成する事業が進んでいる。首都カンパラでは、交通渋滞を軽減するために市内中心部で道路の立体交差事業が実施されている。また、ナイル河上流のジンジャ県には全長525メートルの美しい斜張橋が2018年に完成した。いずれも日本の円借款事業であり、本邦企業が施工している。2022年10月に筆者が同橋梁を訪れた際には、積み荷を運ぶトラック等の車両往来を目視し、近隣国との物流促進が進んでいる状況が直接確認できた。実際に橋を渡る1日当たりの通行車両数は約3万台に達している。

写真3-2　ケニアのモンバサ港（筆者撮影）

回廊を構成するケニア国内の運輸網は、主に日本と中国の融資で整備されており、結果的に両国が連携してインフラ事業を支援しているかたちになっている。モンバサ港で陸揚げされた貨物は、ナイロビに至る幹線道路を経由し、北部のウガンダ等に運ばれるが、ナイロビ首都圏は交通混雑がひどく、中心部を避ける迂回路の必要性が高かった。

これに対し、中国輸出入銀行の融資を通じて、南部、西部、北部の迂回道路が建設されている。すなわち、北部回廊の物流促進に中国も参画し、日本の支援と並行するかたちで事業が行われている。迂回道路のうち、南部バイパス区間は、日本が1990年代に行った実施計画調査に基づいた事業である。

また、モンバサ港からウガンダのカンパラまで結ぶ鉄道計画（第4章で詳述）は、中国の支援事業であり、モンバサ港との連結で域内の輸送網が強化されている。このように、日本と中国の対ケニア支援により、EACの具体化が進む格好になっている。

回廊計画は着々と具体的な進展を見せているが、まだ課題も多い。例えば、モンバサ港の取扱いは、全体の約9割が外国からの輸入であり、域内国からの輸出はいまだ限定的である。このため、農業や鉱物等の産業開発を進め、各国の輸出促進を図る努力が必要である。

また、港湾での作業日数や国境での通関業務は、国際標準に比べて数日程度長く時間がかかっており、その効率化が不可欠となっている。さらに、税関職員の汚職についても取り締まりの強化が指摘されている。既存の調査では、賄賂や贈答品が物流費用を押し上げる要因になっており、これらの課題への対応にも、日本からの協力が期待されている。

†地域融和を促したメコン開発

何の変哲もない地方の村が開発の中心地に変貌する場合がある。前出のタイ東部臨海開発におけるレムチャバンやマプタプットがその例に相当する。1980年代に日本の調査団がこの地を訪れた際には、小さな漁村しかなかった。それが、後年、タイを代表する港湾と輸出加工団地に発展し、国家にとって重要な工業地帯に変わった。

現在、第二メコン国際橋が架かっているタイのムクダハン県とラオスのサバナケット県も、橋梁建設前はひなびた風景の田舎町であった。当時、両県を行き来するのに、国境を流れるメコン河を小さなボートで渡る必要があったが、国際橋ができてからは、毎日約1万人が車両で渡河する状況になっている。

メコン河は、チベット高原にその源を発し、中国、ミャンマー、タイ、ラオス、カンボジア、ベトナムを経て南シナ海に注ぐ全長4200キロメートルに及ぶ東南アジア屈指の大河である。タイとラオスの国境線はメコン河とほぼ重なっており、1990年代半ばまでは、両国の行き来は舟を利用するしかなかった。この時期、ソ連の崩壊を機に旧社会主義国であったベトナム、ラオス、カンボジアが相次いで経済の自由化路線に方針を転換する。

冷戦後、西側陣営のタイとこれら3か国との間で友好関係の構築が進み始めた。「インドシナ半島を戦場から市場へ」のスローガン（タイのチャチャイ首相）の下、経済共同体の可能性を秘める地域として、内外から注目され始める。

このような動きの中で、国際機関であるアジア開発銀行（以下、アジ銀）が提示した構想が拡大メコン地域（ＧＭＳ）である。メコン地域の総合開発を目標とし、タイ、ラオス、カンボジア、ベトナム、ミャンマーの5か国と中国雲南省から構成される地域を1つの開発圏とする内容である。

この構想下で、(1)ベトナム中部のダナンからラオス第2の都市サバナケット、タイ国内、ミャンマーのモーラミャインを結ぶ「東西回廊」、(2)中国国境からタイ北部やベトナムの首都ハノイを結ぶ「南北回廊」、(3)タイの首都バンコク、カンボジアの首都プノンペン、ベトナムの商業都市ホーチミンを結ぶ「南部回廊」、等の計画が練られた（図3－2）。

筆者がメコン地域の担当となった1990年代半ばは、ＧＭＳの構想が議論され始めた頃で、まだ計画の初期段階であった。同計画は、各国ですでに進められていた既存の開発事業を前提にした内容であり、各回廊は、進行していた国道事業を結ぶかたちで構成された。例えば、「東西回廊」の一部を成すラオス国内の国道9号線は、当時、日本の無償資金協力で整備されつつあった。

メコン地域開発の眼目は3つに集約される。1つ目は、旧社会主義陣営のアセアンへの統合である。冷戦下で疎遠だった旧陣営どうしの関係を改善し、地域に安定をもたらすことが重視された。2つ目は、広域事業の推進による域内格差の是正である。運輸網や電力

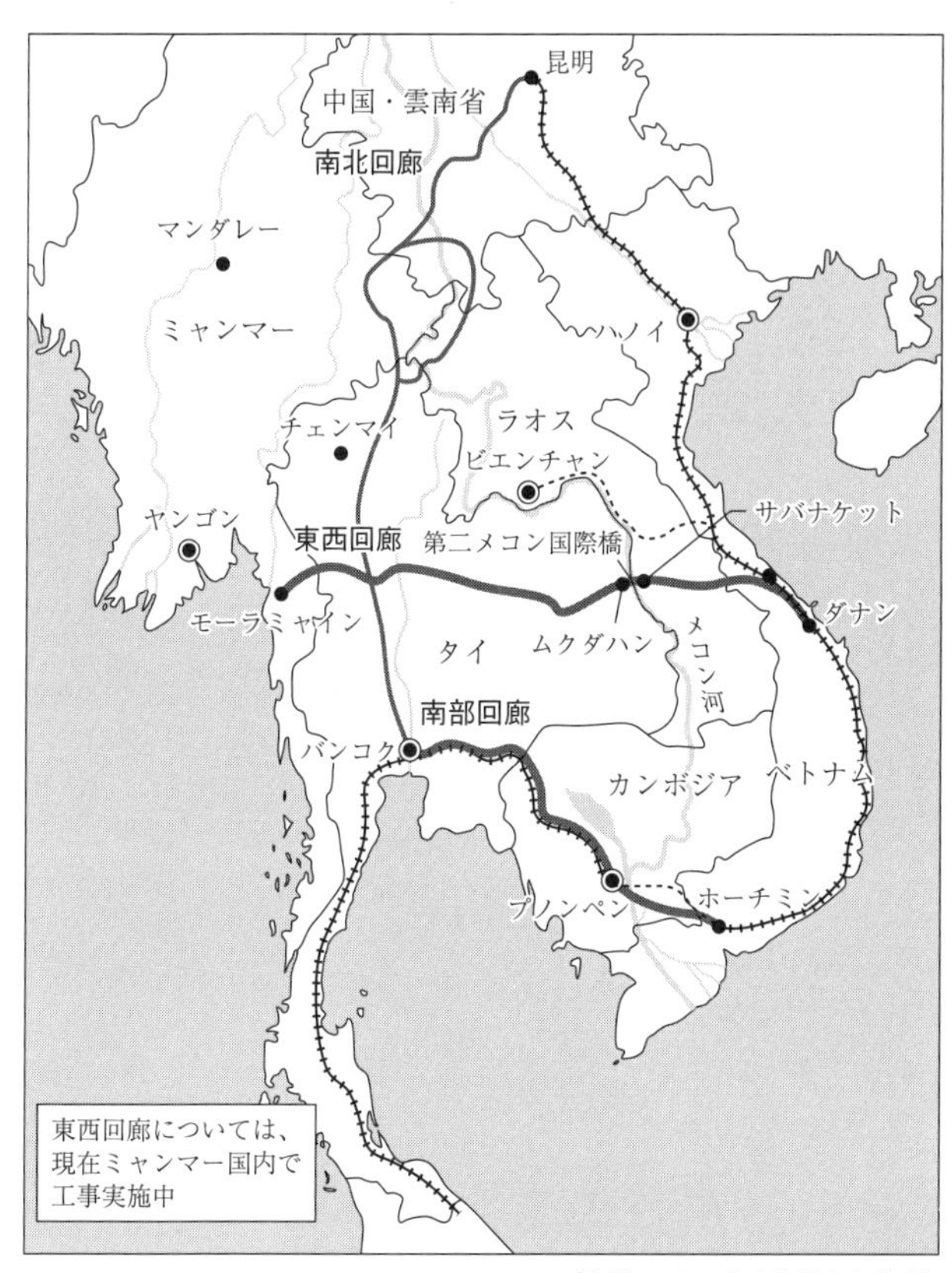

（出所：JICA 公表資料より作成）

図3－2　拡大メコン地域構想

網等の拡充により、旧社会主義陣営が導入し始めた経済の市場主義化の促進が目指された。3つ目は、地域全体の効率的な発展のために、インフラ事業の優先度を明確化することである。このため、首脳、大臣、各省実務者の三層構造により、優先事業の選定と合意を図る体制が作られた。

†第二メコン国際橋

GMSの旗艦事業となる「東西回廊」では、タイとラオスの国境を流れるメコン河の架橋が1つの課題であった。タイとラオスの両国政府から、東西回廊の「へそ」とも言える第二メコン橋建設への要望が挙がっていたが、計画を作ったアジ銀は橋梁への支援を渋っていた。交通量の見通しに自信が持てないことが主な理由である。このため、両国の担当部局からは、支援検討の非公式な打診が日本側にも届いていた。

確かに建設地のムクダハンやサバナケットは、地方の小さな田舎町であった。事業担当者として、筆者が初めて計画地を訪問したときの印象も同様だった。ムクダハンは、タイ人でも名前を知らないような土地である。メコン河の対岸にあるラオスのサバナケットは、主要都市とはいえ、人家はまばらだった。

しかし、地元の声を聞くと、橋の建設に対する要望がすこぶる強かった。当時、両岸の店舗や商工会議所に話を聞きに回ったが、異口同音に橋梁事業を早く実現してほしいとの声が聞かれた。同じく、バンコクやハノイに進出している日系企業にも意見を聞いたところ、主要都市が陸路で結ばれれば、域内の供給網が強化されるので、橋梁は必要との見解だった。一方、このような現地の要望や事業推進に関する筆者の意見は、東京では容易に理解されず、話が進まないため、やきもきする時間が長かったことが想い出される。

写真３－３　タイ・ラオス第二メコン国際橋（写真：久野真一／JICA）

その後、関係機関への説得力を増すべく、詳細な交通需要見通しやバンコクとハノイ間の陸路と海路の運搬費比較を行い、橋梁事業の有効性を示した。両国との議論を経て、事業内容の合意に至り、日本の支援が決定するまでには、約3年の時間を要した。

第二メコン橋は円借款を使って建設されたが、過去に例のない要素がいくつもあった。例えば、橋梁は国境を跨ぐので、円借款をタイとラオスに同時に貸し付ける必要があった。このため、資金負担の分担や国境線の確認に両国政府と協議を重ねた記憶がある。また、建設業者の選定のために、両国共同で入札を実施する仕組みを作った。入札評価は両国政府の各当局が共同で実施し、契約も両国政府と建設企業の三者で署名した。さらに、両岸で税関や出入国手続きの統一を図る必要があり、両国関係機関の体制強化や能力向上が同時に行われた。このような特別とも言える対応を経つつ、2006年に橋梁が完成し、今の姿となっている。

日本は、この他、ベトナムのダナン港改修、同ハイヴァントンネル建設、ミャンマーの東西回廊整備等に支援を実施し、その結果、「東西回廊」は地域の重要な動脈として機能している。「南部回廊」においても、カンボジアのネアックルン橋建設を始め、複数の事業に支援を行っている。また、回廊事業以外にも、域内の送電網構築に対して資金協力を行い、国を跨ぐ電力の融通体制が実現している。これら一連のインフラ整備がメコン地域の開発と安定に大きく貢献したのは事実である。

†インドの北東部開発

インパールを擁するマニプル州など計8州で構成されるインド北東部。山岳地帯が多く、海から離れた地理的環境により、インドでは長らく開発が最も遅れた地域となっている。インドの独立前から少数部族を中心に統治体制が敷かれていた経緯もあり、自治制度への要望が強く、ナガ族の独立運動への対応など、治安維持が以前より政府の課題となっていた。

国境を接する中国とは、アルナチャル・プラデーシュ州を巡って長年係争関係にある。また、ナガ族の反政府運動に中国政府が加担していたこともあり、インド政府は、同地域に対する外国政府の関与を極力回避してきた。このような状況を反映し、域内の公共インフラの一部は軍が管理していた。このため、海外の開発協力機関が域内の事業を支援することは困難な状態が続いた。

2013年当時、筆者がインパールに出張した際も、車の移動には州政府の護衛がつき、過激派からの不意の攻撃に備える対応がとられた。反政府グループと日々対峙する州の役人から緊張感が漂っていたのを覚えている。インド政府は、従来の友好関係と開発協力の実績に基づき、日本に同地での支援を要請し、その検討を行っていた頃である。その北東部において、現在、日本のインフラ協力による道路網整備が本格化している。

インフラ協力の機運が高まった契機はミャンマーの民主化である。2011年からの本格的な民政移管により、日本を中心とする海外からの開発協力が再開し、周辺国との経済関係が活発となった。債務問題が解消した2013年から、日本のミャンマー支援が拡大すると、広域開発の議論が高まる。インドから見れば、ミャンマーはアセアン地域への窓口であり、同国を通じて成長著しいアセアンとの連結性強化に意義が見いだされた。

さらに、北東部域内の治安の改善傾向もあり、道路管理の所掌が軍から行政機関に移行したことで、外国の開発協力機関が支援を始める準備が整った。その状況下で、インド政府の依頼に基づき、他国に先駆けて現地調査を実施したのが日本である。運輸網の整備を重視する方針の下、北東部内および周辺国との連結性強化を目的に道路や鉄道の優先事業の選定を行った。この調査に基づき、2016年から現在に至るまで、計6路線の国道を対象に8件の円借款契約がインド政府とJICAの間で締結され、現在、工事が続行している（図3－3）。

†インフラ協力と地政学

これらの道路事業が域内の物流を促進し、州間の経済関係強化と地域の安定に貢献することは間違いない。また、ミャンマーやバングラデシュとの連結性を強めることで、周辺国との物流網の確立にもつながる。それらの効果に加え、日本が同地域でインフラ協力を行うことには地政学上の意義が加わる。

前述のように、北東部は中国と国境を接し、特にアルナチャル・プラデーシュ州において他国の関与を避ける状況が続いている。また、中国は雲南省からミャンマーの海岸部チャオピューへガスパイプラインを敷設する事業を支援したが、インドはそれに対抗するよ

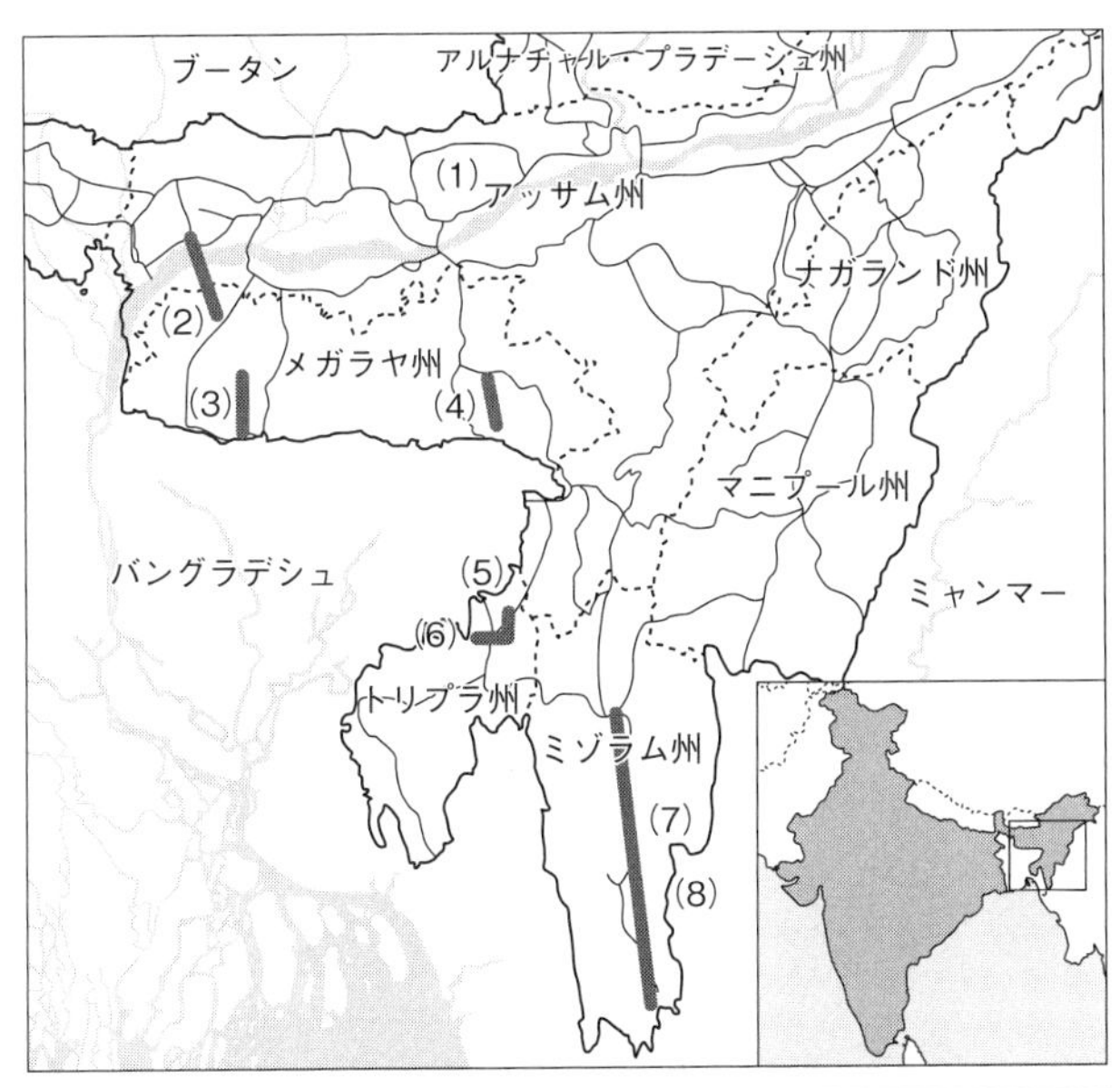

(1)	アッサム州	北東州道路網連結性改善事業（フェーズ5）
(2)	アッサム州／メガラヤ州	北東州道路網連結性改善事業（フェーズ3）ドゥブリ／プルバリ橋
(3)	メガラヤ州	北東州道路網連結性改善事業（フェーズ1）トゥラ・ダル間
(4)	メガラヤ州	北東州道路網連結性改善事業（フェーズ2）シロン・ダウキ間
(5)	トリプラ州	北東州道路網連結性改善事業（フェーズ4）カイラシャハール・コワイ間
(6)	トリプラ州	北東州道路網連結性改善事業（フェーズ6）コワイ・サブルーム間
(7)	ミゾラム州	北東州道路網連結性改善事業（フェーズ1）アイゾール・トゥイパン間
(8)	ミゾラム州	北東州道路網連結性改善事業（フェーズ2）

（出所：ともにJICAインド事務所公表資料より作成）

図3-3　インド北東部国道開発

うに、チャオピューの北部シットウェーの港湾施設とそこに至るインド国境からの道路整備を支援している。

日本がミゾラム州で協力を行う路線の一部は、このシットウェーに至る道路に連結する。すなわち、見方によれば、インドの国境政策に日本のインフラ協力が一役買っている格好になる。さらに、係争地域の隣接地で日本が協力を行っていることが、膨張主義をとる中国に対して抑止力の意味合いを持つとも言える。この観点で、北東部の道路整備は、「自由で開かれたインド太平洋（FOIP）」を推進する協力事業の性格を帯びる。

北東部支援については、その後、日印両政府の合意により、「アクトイーストフォーラム」の設立に至り、現行の事業進捗や新規候補案件を協議する場が定期的に持たれている。両国が協力する事業は、運輸の連結性に留まらず、電力、水道、森林保全、保健等に拡大し、今後、より総合的な域内開発を推進することが検討されている。

インドの後背地域として、長らく貧困の状況に甘んじてきた北東部は、これから着実に経済的な発展を遂げる見通しである。そして、隣接国であるネパール、ブータン、バングラデシュ、ミャンマーのそれぞれにつながる拠点地域として、インドにとって重要な開発圏となる可能性が高い。日本は、インドの要望に応えるかたちで、その実現を着実に後押ししている。

3　総合安全保障とインフラ協力

†命綱となるエネルギー確保

日本は石油や天然ガスのほぼ全量を輸入に頼っている。このうち、比較的環境に優しい液化天然ガス（ＬＮＧ）の利用が伸びている。燃焼時の二酸化炭素発生量を比べた場合、石炭１００、石油80とすると、ＬＮＧは57となり、温暖化の軽減に寄与する。１９６９年に日本の一次エネルギーに占めるＬＮＧはわずか１・１％であったが、２０２０年度には23・８％に達している。

日本へのＬＮＧ供給国は、オーストラリア、マレーシア、カタール、ロシア、アメリカが上位に位置する（グラフ３－１）。石油と異なり、中東依存度は16・４％に留まり、調達先の多様化が進んでいる。ロシアのウクライナ侵攻前の段階で、日本がロシアから輸入するＬＮＧは全体量の８・２％であり、そのほとんどは日本企業も参画するサハリン２からの供給である。

アメリカやイギリスは、経済制裁上の措置としてロシアからのＬＮＧ禁輸を行っているが、日本は国内需要や安定調達の観点から、サハリン2の権益維持を表明している。他方、不測の事態に備えるため、ロシア以外の代替調達先の開拓も行われている。

世界全体で2020年の1年間に貿易上の取引がされた天然ガスは約1兆2000億立方メートルに上る。そのうち、陸上パイプラインでの輸送は約6割であり、残り4割がLNGの海上輸送である。主な輸入地域は欧州や北東アジアで、2020年時点で日本は世界最大のLNG輸入国となっている。同年の実績では、世界の輸入量全体の約2割を日本が占め、中国、韓国、インドがそれに続く（ただし、2021年は中国が日本を抜いて輸入量で第1位となった）。石油と同様にLNGの海上輸送は日本の経済活動を支える生命線と言える。

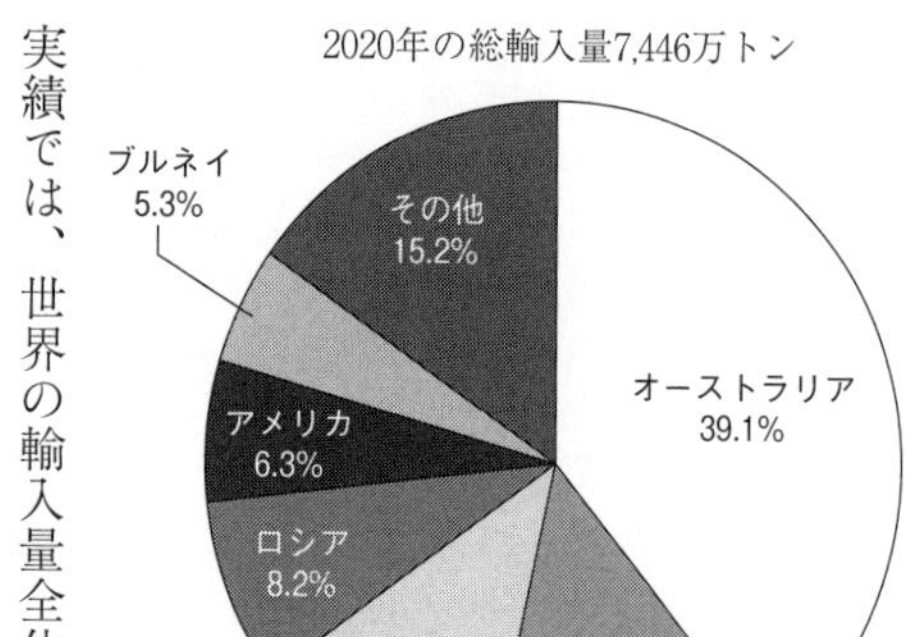

グラフ3－1　日本へのLNG供給国

日本では、2022年に通称「経済安全保障法」が公布され、重要物資の供給確保や基幹インフラの安定供給が盛り込まれた。重要物資については、その後、肥料、永久磁石、半導体、天然ガス等が政府によって指定されている。他国による輸出停止や供給網の混乱があっても、重要な産業を守る「戦略的自律性」を確保する措置である。

現在の国際情勢下において、開発協力の分野でも経済安全保障に資する取組みを強化する必要性が高まっている。過去においては、途上国の経済開発に役に立ち、かつ日本の資源確保にも多大な貢献をする開発協力事業が存在した。エネルギー確保の観点では、マレーシアのビンツル港開発がその代表事例である。

日本のLNG輸入に占めるマレーシアの割合は1割強であり、ビンツル港はその積出し港の役割を担っている。マレーシア側から見れば、同港の開発がLNG産業の発展と外貨獲得に大きく寄与する結果をもたらした。その意味で、同港は、まさに経済安全保障に資する「インパクト・インフラ」の役割を担ったのである。

†ビンツル港の役割

ビンツル港は、マレーシア東部のサラワク州に位置し、2022年末時点において同国を代表するLNG輸出港である（図3－4）。沖合で採取された天然ガスは、海底パイプラインで同港に隣接する精製工場に運ばれ、LNGに精製後、港のLNGターミナルからタンカー等で運ばれる。精製工場は、三菱商事やサラワク州が出資しており、港湾が完成

図3－4　ビンツル港の位置

した1983年から生産が開始された。

精製されたLNGは、日本をはじめ、中国、台湾、韓国等の電力会社などに販売されている。現在の精製工場の生産能力は年間約2500万トンに上り、天然ガスの液化基地としては世界最大級を誇る。

1980年、日本はマレーシア政府の要請に基づき、ビンツル港の整備のために、アジ銀やイスラム開発銀行と協調で円借款を供与した。1970年代前半にサラワク州沖合で巨大な天然ガス田が発見されたため、マレーシア政府はLNGの産業化を目指して日本に協力を求めたのである。ビンツル港は、輸出用の重要インフラと位置づけられ、LNG生産基地の形成に国内外の民間企業が参画した。ちなみに、港湾完成後、最初のLNG船が向かった目的地は日本であった。

その後、精製工場の拡張や港湾施設の拡充を通じて、同港の取扱量は飛躍的に増加し、

1983年の約400万トンから2021年の約4700万トンまで約12倍に拡大している。現在、同港の取扱貨物量の約半分がLNGであり、年間約2400万トンを輸出している。その約3分の1が日本に届いている状況であり、前述のように、日本の経済安全保障にとって重要な港湾に位置づけられる。

2022年9月、経済産業省はマレーシア国営石油会社ペトロナスとLNG供給に関する覚書を新たに結んだ。これは、日本国内の電力供給逼迫(ひっぱく)に備え、長年取引があるマレーシアからの融通を意図したものである。他国と異なり、日本が調達するLNGは全体の約7割が発電用であり、供給源の確保は日本の国民生活にとって重要な課題となっている。ロシアに代わる調達先として、マレーシアが有望国であることは間違いない。

筆者のマレーシア駐在時、同じアパートに住んでいたオランダ人は、頻繁にビンツルに通っていた。彼は欧州の大手エネルギー会社に勤めており、LNG開発の仕事に携わっていた。ある日、雑談中に「ビンツル港は日本の支援で建設された」と伝えたところ、非常にびっくりした様子で「それはすばらしい！　先見の明がある！」と喜んでいた。日本が支援した港が他国企業にも役立っていることを知り、素直に嬉しかったのを覚えている。

経済安全保障の切迫感がますます高まる中、ビンツル港のように、相手国の産業開発にも寄与するかたちで、日本における重要物資を確保する取組みを増やす必要がある。それを進めるには、従来に増して、戦略的かつ能動的な対応が不可欠と言える。具体的には、重要物資の見定め、調達先の特定、資源開発の計画、官民の役割分担、相手国の便益計算、協力内容の提案等を含む積極的な行動の数々である。

†海上貿易の重要性

ＬＮＧに限らず、日本は貿易品のほぼすべてを海上輸送に依存している。その割合は、２０２１年の実績で全貿易量の99・5％に達する。海洋国家である日本にとって、海上輸送を円滑にするインフラ整備や海上の安全確保は国の生き残りをかけた戦略とも言える。

エネルギー資源や希少鉱物を含む重要物資の獲得には、さまざまな国との間で供給網や販路の確立が必要であり、タンカーやコンテナ船への積み下ろしができる港湾施設が重要となる。日本製品の輸出促進の観点も含め、海上輸送を確保するための協力は経済安全保障上の肝と言える。

最近では、中国支援によるミャンマーのチャオピュー港、スリランカのハンバントータ港、パキスタンのグワダル港などが「一帯一路」事業としてよく報道されている。このため、中国が権益拡大を念頭に野心的に港湾整備の支援をしている印象があるが、同国が支援する途上国の港湾数はそれほど多くはない。実際には、途上国の港湾整備については、日本のほうが大きな役割を果たしている。

2012年度から2022年度にかけての過去10年間だけでも、ベトナムのカイメップ・チーバイ国際港やラックフェン国際港、インドネシアのパティンバン港、モザンビークのナカラ港、ケニアのモンバサ港等、計10か国の港湾開発を円借款で支援している（表3－1）。1967年度に協力した台湾の高雄第二港から数えると、2022年12月末までの合計では、実に計29か国で90以上の港湾整備を支援してきた。

この中には、タイのレムチャバン港、インドネシアのタンジュンプリオク港、スリランカのコロンボ港、ケニアのモンバサ港のように、相手国のみならず、地域の主要港として機能している施設も多い。まさに国際的な貿易体制を強化するため、日本は世界の港湾インフラ整備に力を注いできたのである。

港湾開発では、他のインフラ協力に比べて日

表3－1　過去10年間で日本が支援した港湾

港湾名	国名
パティンバン港	インドネシア
シハヌークビル港	カンボジア
モンバサ経済特区港湾	ケニア
マタバリ港	バングラデシュ
トアマシナ港	マダガスカル
アビジャン港	コートジボワール
カイメップ・チーバイ国際港	ベトナム
ラックフェン国際港	ベトナム
ポートビラ港	バヌアツ
ナカラ港	モザンビーク
港湾セクター復興事業	イラク

（出所：JICA公表資料より作成）

本企業の参画度合いが高いことが特徴である。過去10年間の円借款による港湾工事の調達実績を見ると、日本企業の受注率は全体の9割に達しており、鉄道や道路に比べ、日本企業の存在感が高くなっている。港湾建設会社（通称マリコン）の技術力は高く、途上国での長年に及ぶ経験の蓄積も相まって、岸壁工事や浚渫作業にすぐれた実績を誇る。

日本企業のすぐれた建設技術には、通称「ジャケット方式」と称される岸壁の急速施工、軟弱地盤にセメント系固化材を注入し堅固な地盤に改良する手法、浚渫時に汚染物の攪拌を防止する密閉グラブの活用等がある。

また、運営面においては、比較的狭隘なターミナルでの迅速かつ効率的な荷役扱いに強みがある。効率的な港湾運営により、コンテナ置き場の面積削減や貨物移動時間の短縮が可能となり、無駄な出費を抑えることができる。これは、面積の限られた日本国内の港湾管理技術によって培われたものである。

最近の港湾運営に対する支援では、インドのチェンナイ港での事例がある。これは、港湾内の混雑軽減を図るため、日本の博多港が協力し、荷役作業や通関手続きの効率化を実現したものである。実際にその技術支援の効果は大きく、貨物の出入港手続き時間が約6時間から2時間に短縮され、敷地外で長い列をなしていた約１０００台の荷物待ちトラックの数が半分程度に減少した。現地に進出している日本企業が「絶望的」と評していた港湾内外の混雑が日本の関与で軽減されたのである。

†国際運河への協力

マリコンの代表格は五洋建設であるが、スエズ運河の拡張を巡る同社の活躍は開発協力の世界ではよく知られている。1956年にエジプトによって国有化されたスエズ運河は、当時、大型化する船舶の航行に支障を来たしつつあった。このため、水深を10メートルから15メートルまで掘り下げ、運河の複線化を図り、最大級のタンカーが通行できるようにする運河の拡張が計画された。当時の大統領の名前を冠し、「ナセル計画」と称された事業は、1960年から10年に及ぶ大規模運河改修であった。

この大工事には欧米の名だたる建設会社が入札に参加したが、一番札をとったのは日本の五洋建設である。入札前に新式の浚渫船を発注する力の入れ方で、当時の社長が会社の存亡をかけた事業として挑んだとされる。今では考えにくい話であるが、入札前の時点で、完成した5000馬力の浚渫船を曳航し、エジプトまで数億円をかけて回航していた。このスエズ運河拡張が五洋建設にとって初めての海外大型事業になった。

気温50度を超える炎天下での工事は、困難続きだったとされる。運河を船舶が通過するたびに工事を中断する必要があり、さらに、予想以上の固い岩盤に作業が滞った。コンクリートの5倍も固い「悪魔の岩盤」が立ちはだかり、浚渫船のカッターが壊れる事態に陥ったのである。それでも工期に間に合わせるべく、岩盤の分析を繰り返し、遂に特殊カッターチップの完成に漕ぎつけた。

この岩盤掘削方法により、約2年で工事を完成させ、その実績は世界の浚渫業界から注目を浴びることになった。エジプト政府の評価も高く、その後、随意契約で第二期工事および第三期工事も受注し、1967年までにすべての作業を終えた。

写真3-4　スエズ運河（写真：JICA）

同社のエピソードはさらに続く。第四期工事の入札に参加する際に第三次中東戦争が勃発し、イスラエルからミサイル攻撃が始まった。札を入れるためにカイロから運河庁のあるイスマイリアに社長と職員が向かっていたところ、前方に噴煙が上がり、イスラエル戦闘機が車の上空を過ぎていった。

戦闘機の空中戦を仰ぎ見ながら、それでも社長は運河庁に向かうことを決め、無事に庁舎に行き着いた。この状況でわざわざ札を出しに来たのは同社のみであった。運河庁の担

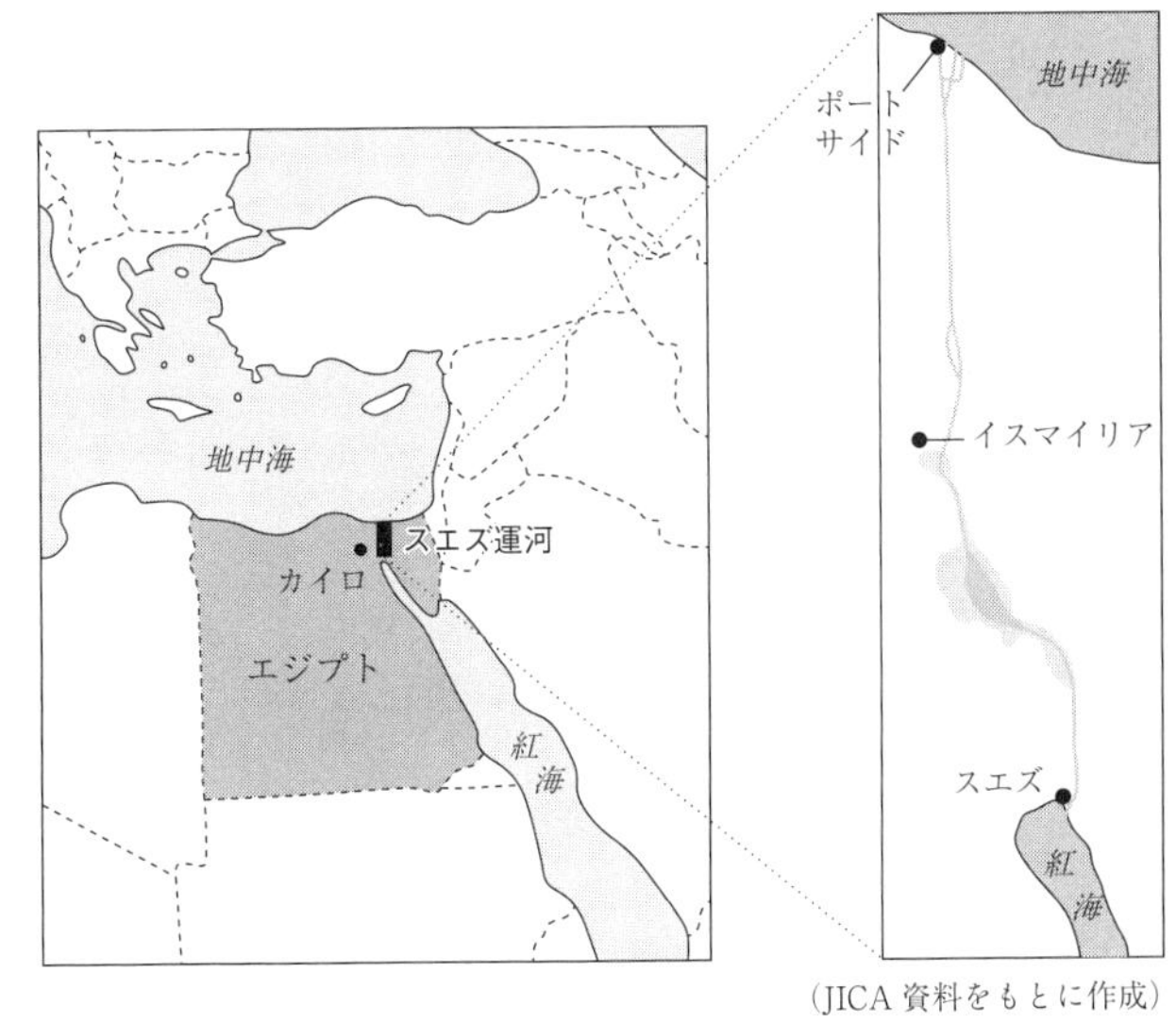

（JICA資料をもとに作成）

図3－5　スエズ運河

当官はこの行動にいたく感動したと言う。入札は成立し、五洋建設は契約の発注を受けた。余談であるが、筆者はこの話を知っていたので、2023年2月にカイロからイスマイリアに車で移動したときは感慨深かった。当時、車で半日程度かかっていた移動は、今では高速道路を利用すれば、約2時間で首都からスエズ運河に到着できる。車中から上空を眺めつつ、当時の緊迫した情景を思い描きながら運河庁に向かった。

しかし、受注決定後、戦争の影響で運河は7年間閉鎖され、工事も中断された。世界の国際貿易は混乱を来たし、南アフリカ周りの海上輸送による費用増が顕著となった。戦争が落ち着き、1975年に運河が再開されると、エジプト政府の要請により、日本は継続する拡張計画に円借款の供与を決定した。工事費用として610億円が充当されたのである。このうち、浚渫工事については、五洋建設が約500億円の金額で受注した。当時、日本の建設会社が海外事業で100億円以上の契約は珍しく、五洋建設の受注額は戦後最大の規模であった。

運営面の支援

この工事を通じて、運河の航路幅は89メートルから160メートルに拡がり、水深は工事前の14・5メートルから19・5メートルに届き、その結果、運行可能な船舶は従来の6万トンから15万トンのクラスになった。1980年に事業の完成式が行われた際、五洋建設の社長に対して、事業最大の功労を称える勲章がエジプト政府から授与された。日本企業の高い施工能力が改めて公式の場で顕彰された瞬間でもある。

その後、スエズ運河は国際海運上の重要航路として機能しており、2015年に完工した新たな拡張工事により、全長193キロメートル、航路幅205メートル、水深24メートルとなり、今では24万トンクラスの船舶が航行可能となっている。この拡張により、スエズ運河を通行する船舶数は年々増加し、2022年末時点で年間通行船舶は2万隻を超え、通行料収入は年間約80億ドルに達している。この金額はエジプトの国家予算の約1割に相当する。

スエズ運河は世界の海上貿易の約1割を担っており、重要資源である石油や天然ガスを運ぶタンカーの往来も多い。ウクライナから「穀物輸出回廊」を経て、途上国に食糧を運ぶ船舶も航行している。海上輸送の安全確保の観点から、同運河の円滑な運営は重要であり、その面でも日本は長年の協力を行ってきた。所轄機関である運河庁への技術協力を通じて、1978年から現在まで、経営管理や通行料金政策に関する能力強化支援を継続している。

最近は、運河交通に関するマーケティング戦略策定のため、専門家派遣や運河庁職員の研修を行っている。スエズ運河の運営に日本が深く関与している光景であるが、長い期間にわたって国家の中枢事業に日本の支援を求めるのは、エジプト政府の深い信頼の表れとも言える。

海洋国家である日本にとって、地政学上で重要となる海上水路（チョーク・ポイント）の確保は最優先の事項である。この観点で、スエズ運河、パナマ運河、マラッカ海峡、ホルムズ海峡等の安全確保は日本の生命線であると言ってもよい。スエズ運河の拡張や運営に日本が関わってきたように、自由貿易体制を支える手段として、日本の開発協力が果たすべき役割を改めて認識する必要がある。

†気候安全保障

2015年の温室効果ガスに関する「パリ協定」は画期的な内容であった。世界の平均気温上昇を産業革命前に比べ2度以下とし、1・5度までに抑える長期な努力目標が採択された。それまで先進国だけに課せられていた温室効果ガスの削減を途上国も担うことになった。これにより、計193か国が2020年以降の削減目標と抑制計画を定めることになっている（国数は2022年9月時点）。

途上国で温室効果ガス排出の上位国と言えば、中国とインドであるが、両国も目標と計画を公表している。中国は2060年、インドは2070年までの実質排出ゼロ（カーボン・ニュートラル）を目指すとし、2030年までにGDP基準の削減量を2005年比で中国は60%から65%、インドは同じく33%から35%にするとしている。事実、両国は、太陽光発電を中心とした再生可能エネルギー導入や省エネ政策を積極的に推進している。他方、GDP自体が増加する前提と考えれば、2030年までの実質的な排出量自体は両国とも増える見通しである。

温暖化が原因とみられる気候変動は、途上国にとっては大きな脅威である。洪水、干ばつ、熱波により、浸水被害、ダム水枯渇による電力不足、農業生産の低下による食料危機が生じ、住民の生活が脅かされることになる。海面上昇や異常気象が原因で、住んでいる土地を追われ、移住先で争いが生じる。気候変動が経済の後退をもたらし、国民の格差が拡大することで、紛争の火種になることもある。

紛争の例では、アフリカのチャド湖の乾燥が挙げられる。乾燥により水と食料不足が生じ、ナイジェリア国内で貧困層が拡大し、政治不安が生じたことはよく知られている。これが要因で、2002年にイスラム系テロ組織ボコハラムが生まれ、その後の台頭につながったと言われる。湖の枯渇が若者の失業を生み出し、生活のためにテロ組織に身を投じる事態をもたらした。気候変動が富の再分配を求める争いを招く図式と言える。

このため、温暖化現象を国と人間の脅威と捉え、気候安全保障として対応する機運が高まっている。特定の脅威から自国を守る意味では、国の安全保障であり、打撃を受ける人々の生活を守る観点で言えば、「人間の安全保障」となる。気候変動は、気温や降水量の変化による直接的な被害にとどまらず、さまざまな経路を通じて人間社会の平和と繁栄を脅かす問題なのである（図3－6参照）。

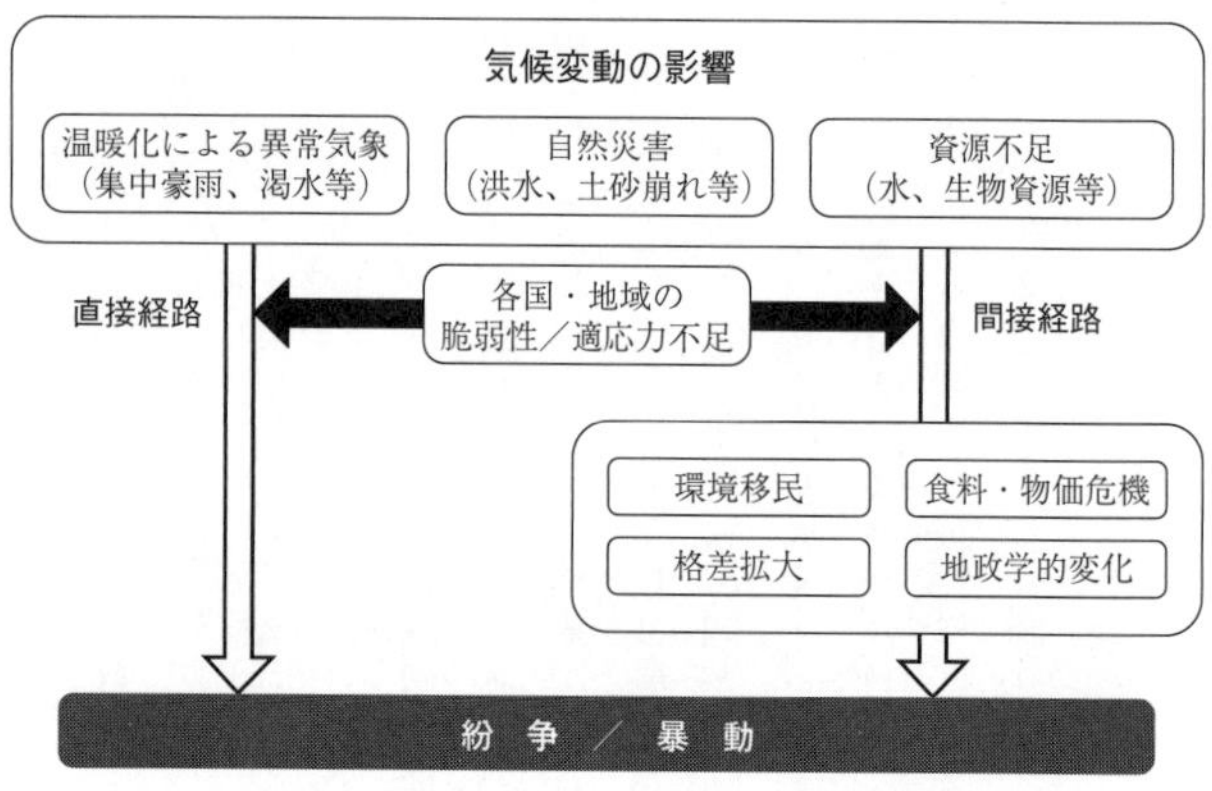

（出所：阪口秀監修『気候安全保障』を参考に作成）

図3－6　気候変動問題の経路図

†日本の協力事例

このような認識の下、日本は途上国の気候変動対策に積極的な協力を行ってきた。温室効果ガスの排出削減や吸収を目的とする「緩和」策事業としては、低ロス送配電、太陽光、風力、地熱等の発電、省エネ機器導入、首都圏等での地下鉄事業、廃棄物管理、植林等がある。気候変動の影響を軽減する「適応」策事業としては、洪水制御、農業用水保全、高波対策、気象観測施設等の諸事業が挙げられる。

例として、排出上位国のインドでは、日本が長年支援してきたデリー地下鉄事業により、道路を走る車両台数が1日当たり70万台減少し、2018年時点で約99万トンに相当する二酸化炭素削減効果があったと試算された。同地下鉄公社は再生可能エネルギーの活用にも熱心であり、鉄道運行に使われる電力源の約半分は太陽光発電を使用している。インドでは、首都デリーの他、チェンナイ、ムンバイ、ベンガルール、コルカタ、アーメダバードの各都市で日本が地下鉄事業に協力しており、都市部の交通渋滞軽減に加え、温暖化の緩和に寄与している。

同国の森林保全事業に対しても日本は約30年間の協力実績がある。この支援を通じて、住民参加型の植林および森林保全活動が定着し、すでに関東平野の面積に相当する植林が行われた。インドは前述の公約の中で、2030年までに森林造成を通じて25億トンから30億トンの二酸化炭素削減を計画しており、日本はその主要支援国として期待されている。現在までに国内の半分以上の州で日本の支援する森林保全事業が実施されており、その中には、ウッタラカンド州における治山技術を用いた山地災害対策やタミルナド州における野生動物用の回廊事業等、インフラ整備も多く含まれる。

日本の正式な開発協力に加え、ＪＩＣＡは、「緑の気候基金（ＧＣＦ）」の認証機関となっており、外部資金を使った事業も推進できる立場にある。同基金は、途上国の気候変動対策を推進するために先進国を中心に２０１０年に設立された組織である。この枠組みの活用により、モルディブにおける海岸保全や防護対策、また、東ティモールの森林保全等が実施されている。同様に、民間企業で認証機関の三菱ＵＦＪ銀行は、チリの太陽光発電および揚水発電に同基金の資金を充当している。

気候変動は、人類共通の課題として国際的な取組みが不可欠である。その影響が人々の暮らしを脅かし、広く世界の平和や繁栄にも波及することに鑑みれば、日本は、主要な開発協力国として引き続き積極的に行動する必要がある。国内で蓄積された災害対策や省エネ技術に加え、開発途上の水素技術や火力発電のアンモニア混焼も有効に取り入れることができれば、国際社会を主導する立場として、以前に増して途上国に頼られる存在になりうるであろう。

第４章

「開発協力市場」での競争

ナイロビ国立公園を横切るケニア標準軌鉄道（筆者撮影）

1　国際標準型の協力

†先進国の共通規則

日本が開発協力を実施する際に依拠する国際的な規則は、ＯＥＣＤの開発援助委員会（ＤＡＣ）が発する勧告や同輸出信用部会の定める規制である。各加盟国はこれらの取決めに従い、国内制度や体制を整備している。１９６１年のＯＥＣＤ発足以降、加盟国が構築してきた開発協力の仕組みが現在の国際標準になっている。

ＯＥＣＤ加盟国は２０２２年末時点で38か国であり、ＤＡＣに所属するのは29か国および欧州連合（ＥＵ）である。非ＯＥＣＤ加盟国でもブルガリアやサウジアラビアなど7か国および世銀やＩＭＦがＤＡＣの議論に参加している。ＤＡＣは加盟国のルール作りの他、各国の実施状況に関する審査や実績統計の公表を行っている。

ＯＥＣＤの輸出信用部会は、各国の過剰な輸出促進による貿易歪曲の防止を目的として、１９６３年に発足した。公的資金による輸出支援の規制に加え、輸出に伴う汚職防止や環境社会配慮を対象にしている。開発協力事業には、支援国から機器や設備の輸出を伴うことがあるため、同部会の規制対象に含まれる。１９７８年から加盟国間で輸出信用アレンジメントと称される協定が結ばれ、各種規制の遵守義務が強化された。輸出信用部会は、２０２２年末時点で35か国の構成となっており、そのうちメキシコ、イスラエル、コロンビアを除いた32か国が輸出信用アレンジメントに参加している。

これらの規則や協定の中で、途上国支援に関わる代表的な項目が調達の開放性である。具体的には、支援国の企業を不当に優遇しない「アンタイド条件」の義務化である。途上国の公共事業を融資で支援する場合、物資提供や工事を行う業者の選定は通常入札を経て行われる。入札参加資格が支援国の企業に限定されるのが「タイド（「ひも付き」）条件」であり、ＤＡＣや輸出信用部会はこれを規制している。

ＤＡＣは、２００１年から数度にわたり、加盟国に対してアンタイド勧告を行っている。特に所得が最も低い後発開発途上国47か国へのタイド融資を禁止している。輸出信用部会でも１９９２年に合意されたヘルシンキ・パッケージにより、商業性の高い融資を供与する際の「タイド条件」を規制している。前者は、貧しい国には全世界から安く良いものを調達すべきとの趣旨に基づくものであり、後者は、支援国が商業的な目的で低所得国に自国の輸出促進を図ることを規制するものである。

日本は、１９８０年代まで、円借款の入札参加資格を日本企業と途上国に限定する「タイド条件」を採用していた。これは、途上国支援を日本企業も裨益する「経済協力」と位置づけていたためである。当時、アメリカの圧力で貿易黒字を開発協力に充当する資金還流計画が本格化し、支援の量的拡大が顕著になると、同じくアメリカが主導した上述のヘルシンキ・パッケージに従い、円借款のアンタイド化が進んだ。日米貿易摩擦の影響もあり、この時期に開発協力の「国際標準化」が進展したのである。実際、日本の開発協力における2020年のアンタイド比率（支援約束時の値）は全体の92・3％に達している。

†「タイド条件」と「チャレンジ制度」

加盟国の遵守状況を透明化するため、通報制度も確立されている。途上国への融資がほぼ決定した時点で、各加盟国は、ＯＥＣＤに対象事業や融資条件を知らせる「コンセンサス通報」や入札開始前までに通知する「アンタイド通報」を行う必要がある。そこで共有された融資条件に疑義がある場合、他の加盟国から質問や情報提供依頼がなされる。

この仕組みは、「チャレンジ制度」と呼ばれるもので、タイド条件規制を互いに監視する工夫である。仮に違反と判断された場合は、条件変更が必要となるが、例外措置として、支援国の管轄大臣が正式書簡により正当性を主張することで、タイド条件のまま融資を実行することが認められている。

実は、最近まで日本はこの規制遵守の優等生とは必ずしも見られていなかった。1999年以降において、前述の大臣書簡の発出を行っているのは日本のみである。アゼルバイジャン、スリランカ、インドにおける事業が対象となった。

アゼルバイジャンの発電所事業では、発電所本体はアンタイド条件、それに付随するガスパイプラインはタイド条件であったが、当時の通産省（現・経済産業省）が日本企業が発電所本体も受注できるよう、同国の大統領に依頼した。このことが報道され、アメリカ等が強く反発し、条件の見直しを求めたのである。また、同じ時期に「タイド条件」を付した日本支援による中国の発電所事業が「チャレンジ」され、アンタイド条件に切り替えたことがある。しかし、日本の協力手法に対するアメリカの疑念を払拭できず、当時「日本のアンタイドは実質タイドである」との国務省幹部の批判が出るまでに至った。

表沙汰にならなくとも、日本に限らず、開発協力事業で自国企業を優遇しようとする事例は多々ある。筆者が従事したラオスの水力発電所事業では、設計業務はフランス企業が実施しており、同社が作成した入札書類を精査したところ、設備や機器の仕様がヨーロッパ基準となっていた。そのため、円借款事業にもかかわらず他地域の企業が参加することが困難な条件となっており、その仕様を逐一是正する作業に骨を折ったことがある。このように、多少の差はあれ、支援国は自国企業の受注を促進する努力を行っているのが現状である。

調達条件の他、国際標準の観点では、環境社会配慮の義務化が挙げられる。これは、環境社会面の負の影響を最小限に抑える対応を支援国に課すものである。２０２０年に出されたＯＥＣＤの勧告では、事業実施前の環境影響調査、事業実施中の環境影響管理、影響確認リストの作成、影響を最小化する対策、被支援国当局の能力強化を加盟国に義務づけている。各国は、この勧告に従い、世銀を中心とする国際機関の指針に基づき、環境社会配慮ガイドラインの策定を行っている。

また、完成後の事業効果を確認する評価の方法も標準化が進んでいる。ＤＡＣは、事業の評価項目として、支援の「妥当性」、国際開発目標や国の政策との「整合性」、効果の達成度を測る「有効性」、事業期間や費用の計画と実績を比較する「効率性」、中長期的な社会への「インパクト」、および事業効果の「持続性」を示し、加盟国に適用を求めている。

日本の場合、協力金額が10億円以上となる事業については、外部の第三者による事後評価を実施しており、この6項目に基づく確認作業が実践されている。効果の度合いはＡからＤまで格付けされており、事業ごとに評価結果に基づく教訓も抽出されている。これは、事後評価で得られた実施の課題や改善点を新規の類似事業に生かすためである。

このような国際標準に従い、各国は開発協力を展開しているが、その実施手段や方法は国によってさまざまである。主要国の特色について次に記してみる。

†主要国の特色

DAC加盟国計29か国のうち、支援規模の大きい主要国と言えば、アメリカ、ドイツ、日本、イギリス、フランスである。各国は前述の規則や輸出信用アレンジメントの取決めに従う必要があるが、開発協力の規模や手法にはそれぞれ特色がある（表4-1、4-2）。

近年、最大の協力規模を誇るアメリカは、国際開発庁（USAID）の無償資金協力を中心に世界100か国以上を対象に支援を実施している。主要対象地域は中東と北アフリカで、医療や教育等の社会インフラ整備や人道援助が中心である。また、人権擁護を含む民主化支援に力を入れているため、支援先は非営利組織（NPO）などの民間団体が主であることが特徴的である。

アメリカの特色と言えば、同国の海外援助法に軍事支援を含めていることである。すなわち、相手国への武器供与も同国の海外援助に含まれる。国防省が直接管轄する軍事協力もあるので、正確には武器供与や軍事設備設置の一部が援助の名目で実施されている。ロシアの侵攻が続くウクライナへのアメリカからの軍事支援は、2022年末時点で総額約200億ドル（約2兆6000億円）に上るが、その一部は海外援助の枠で行われている。

表４－１　DAC 主要国の開発協力実績（2020年）

項目	アメリカ	ドイツ	日本	イギリス	フランス
1．支出総額（億ドル）	360.4	324.7	203.0	194.6	186.2
2．DAC 加盟国全体に占める割合（％）	20.4	18.4	11.5	11.0	10.5
3．国民総所得比率（国際公約は0.7％）（％）	0.17	0.73	0.31	0.70	0.53
4．国際機関向け拠出・出資等の割合（％）	15.9	20.4	16.9	36.4	29.7
5．有償資金協力の占める割合（％）	0.7	19.7	56.2	0.7	39.8
6．調達方法がアンタイドの割合（支援約束額）（％）	73.2	99.1	92.3	100.0	96.7
7．対象分野の比率（支援約束額）					
経済インフラ（運輸、電力等）（％）	2.3	20.8	42.1	16.7	24.0
社会インフラ（教育、保健等）（％）	48.3	41.5	23.3	32.3	33.5
農林水産分野（％）	3.1	4.7	2.5	1.8	7.0
工業等生産分野（％）	3.0	12.3	15.2	12.3	16.6
緊急援助（人道支援等）（％）	29.4	7.5	3.2	15.9	0.9
財政支援（コロナ対策等含む）（％）	13.9	13.2	13.8	21.0	18.1
計（％）	100.0	100.0	100.0	100.0	100.0

（出所：「開発協力白書2021年版」より作成）

２０１０年代にイラクやアフガニスタン向けの軍事支援が増加したことに伴い、アメリカの援助全体に占める同支援の割合は２０１９年時点で約3割に達した。また、援助対象国の上位にはイスラエルが入っている。なお、軍事支援はＤＡＣの開発協力からは除かれるので、同委員会が毎年発表する実績統計には含まれていない。

ドイツは、国連が定める「国民総所得（ＧＮＩ）の０・７％を開発協力に充てる」とする国際目標を達成しており、２０２０年には主要国の中で最も高い比率となる０・73％を記録した。開発協力の対象地域には偏りがなく、特に欧州内の途上国支援に熱心であり、主要国の中で最も大きな規模を誇っている。欧州内では、旧ユーゴスラビアを構成していたアルバニア、ボスニア・ヘルツェゴビナ、コソボ、モンテネグロなどの国々がＤＡＣの

表４－２　DAC 主要国の支援対象上位５か国（2020年、支出総額順）

DAC 主要国名	第1位	第2位	第3位	第4位	第5位
アメリカ	ヨルダン	アフガニスタン	ナイジェリア	エチオピア	コンゴ（民）
ドイツ	インド	インドネシア	シリア	中国	コロンビア
日本	バングラデシュ	インド	インドネシア	フィリピン	ミャンマー
イギリス	エチオピア	ナイジェリア	ソマリア	アフガニスタン	イエメン
フランス	モロッコ	ソマリア	インド	モーリシャス	セネガル

（出所：同前）

途上国対象リストに掲載されている。

支援対象分野は、医療や教育を含む社会インフラが中心である。開発協力の実施機関は、技術協力と無償資金協力を国際協力公社（GIZ）、有償資金協力を復興金融公庫（KfW）が担っている。開発協力を行う融資機関の集まりである国際開発金融クラブ（IDFC）は、2011年にKfWの主導で設立されたものである。

フランスの特色は、旧植民地の中東やアフリカ向け支援が多く、協力の種類では有償資金協力が大きな割合を占めることである。2020年の実績では、有償資金協力、無償資金協力、技術協力の割合がそれぞれ39・8%、21・2%、9・3%となっており、日本と同じく途上国の大型インフラ整備を支援している。従来、日本が鉄道や水道等の公共インフラ事業の支援で連携する国は、有償資金協力を行うドイツとフランスにほぼ限られている。フランスでは、開発庁（AFD）が技術協力、無償資金協力、有償資金協力を一括して実施している。

†インドに嫌われた宗主国

イギリスは、外務英連邦開発省（FCDO）が無償資金協力を中心に途上国支援を展開している。アフリカや中東の旧植民地を主な対象とし、アメリカと同じく民間団体への直接支援が多い。従来、貧困削減を開発協力の主題に掲げ、人道支援が多いのが特徴であるが、2015年の援助戦略見直しにおいて、途上国支援がイギリス自体の経済や安全保障に資するものであることを明示した。主要国の中ではドイツとともに、国連の目標である国民総所得比率0・7%の支援規模を達成している。

主要国の中で、民間団体への直接支援が多いアメリカやイギリスは、途上国側から強い反発を受ける場合がある。一般に、途上国では法律の未整備や慣習により環境保全や人権保護が行き届いていないことが多い。アメリカやイギリスは、政府に是正を求める人権団体や環境団体を支援することがあるが、それを内政干渉ととらえる政治家や政府高官から支援停止が求められることがある。

筆者が駐在していたインドでも、国民会議派のシン政権時代にその事例に遭遇した。貧困層や女性の権利尊重を主張する国内の非営利団体にイギリスが支援を行っていたが、その団体を通じてインドの後進性が国際社会に広く宣伝されたことに複数の政治家が腹を立てたのである。

当時のムカジー財務大臣は、これをイギリスの過剰な干渉と批判し、協力停止を主張した。同大臣は、「イギリスの支援などピーナッツ(無力の意)だ」とこき下ろし、その言動が国内の新聞等を賑わした。インドでは、それ以前から国内の反政府グループに対する海外からの資金援助に対して神経をとがらせていた経緯がある。

主要国どうしの連携という観点に注目すると、前述のように、日本と親和性があるのはドイツとフランスである。両国は有償資金協力を実施しており、円借款を主軸とする日本と歩調を合わせてインフラ整備を支援できる。具体的には、鉄道、電力、水道等の公共事業における協調融資であり、最近完成したインドのバンガロール地下鉄を含め、連携の実績を重ねている。ドイツやフランスが実施した事前調査に基づき、日本が本体事業に融資する事例もある。

他方、アメリカやイギリスとの連携は限定的と言わざるを得ない。これは、支援方針や対象分野が異なるためであるが、特に現地の民間団体への協力について温度差があることが一因になっている。なお、途上国政府は、各国の得意分野や手法を考慮して、支援国を選び、協力の要請をしているのが現状である。

†日本の占める地位

国際社会の中で日本が主要な開発協力国であることは間違いない。2020年の支援総額は約203億ドル（約2兆8000億円）に及び、約357億ドル（約4兆9000億円）のアメリカ、約317億ドル（約4兆3000億円）のドイツに次いで第3位の規模である。この日本の実績規模は、DAC加盟国全体の1割強に当たる。

　従来、アジア向け支援が多く、同地域へのDAC加盟国による支援総額全体のうち、日本は約4割を占めている（グラフ4－1）。バングラデシュ、インド、インドネシア、フィリピン、ミャンマーなどのアジア諸国を中心に、日本が最大の支援国となっている国々は2020年時点で20か国に上る。日本の支援額が第2位となっている国も含めれば、42か国に達する。これは、世界の被支援国計142か国の約3割に及ぶ。

　日本のJICAが有する海外事務所数（出張所含む）は約100か国に及び、これは主要5か国の実施機関の中でいちばん多い。支援対象国および地域の数は約150に上り、これも最多である。他方、職員数で見れば、JICAの約2000人は、主要5か国内で最小となり、ドイツのGIZとKfWの計1万4000人に比べれば、2割に満たない人数である。少ない職員数で多くの事業を展開しているのが日本の姿である。

　支援分野は、教育、保健、水・衛生、運輸、電力、通信、農林水産、環境保全、防災、平和構築、

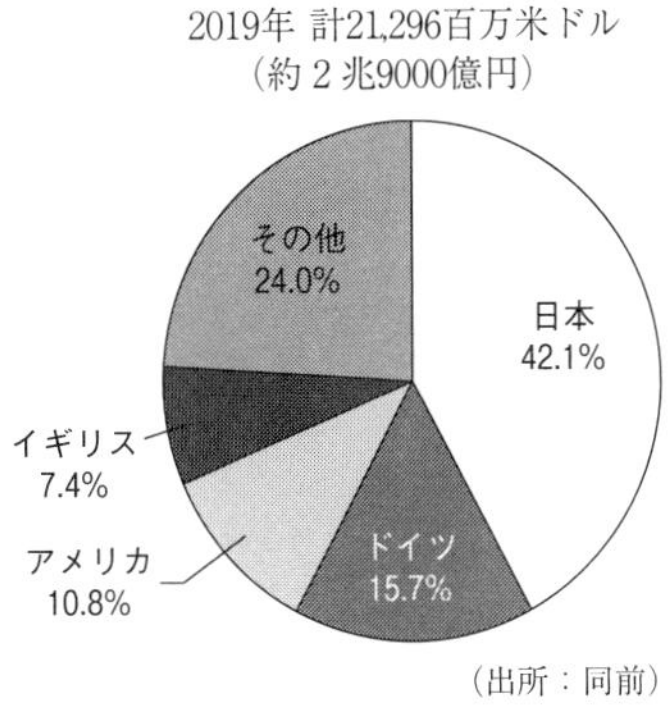

2019年 計21,296百万米ドル
（約2兆9000億円）

日本 42.1%
ドイツ 15.7%
アメリカ 10.8%
イギリス 7.4%
その他 24.0%

（出所：同前）

グラフ4－1　DAC加盟国のアジア向け支援総額の割合

法制度、ジェンダー平等、麻薬対策、対人地雷除去等、多岐に及ぶ。加えて、災害発生時の国際緊急援助、海外協力隊派遣、民間投資金融、研修生受け入れ、非営利団体支援等、多様な協力を実施している。

主要国に比べ、協力手段の中で有償資金協力の占める割合が大きいこともあり、運輸、電力、通信を含む経済インフラ整備は日本が目立つ分野である。実際、経済インフラ支援は、開発協力全体の約4割を占め、同じく有償資金協力を行うドイツやフランスの約2割程度と比較しても比重が大きい。

このため、途上国の「国家プロジェクト」や広域開発計画に日本が協力する機会は多い。インドのデリー―ムンバイ産業大動脈構想やチェンナイ―ベンガルール産業回廊計画、バングラデシュのベンガル湾産業成長地帯構想、アフリカの北部経済回廊計画やナカラ回廊計画、前述したタイの東部臨海開発やメコン地域開発等、今までに多くの事例がある。このような経済開発面の取組みが質量双方において充実しているDAC加盟国は、日本のみと言ってもよい。

この観点で、JICAが議論する相手は、途上国政府を別にすれば、世銀やアジ銀等の国際機関の場合が多い。途上国の経済分析や開発戦略を含め、本部どうしや現地での協議が頻繁に行われている。日本の開発協力が持つ特性のため、同じく融資や民間投資の機能を持つ両銀行とは同じ土俵で話がしやすい。最近では、特にコロナ対策の具体的な協力について議論を重ね、多くの国で財政支援を目的とした協調融資が実現している。

†債務問題を扱うパリクラブ

国際標準型の文脈では、主要国による債務問題の対応も含まれる。開発協力で融資供与を行う場合、当然ながら途上国の債務状況に留意し、適切な金額を検討することが前提となる。通常は、IMFのマクロ経済分析や世銀の債務持続性診断に基づき、各国が慎重に与信判断を行う。それにもかかわらず、対象国が債務過剰に陥った場合は、返済の繰り延べや減免の措置をとる必要がある。

この対応を債権国の合意に基づいて行う仕組みがパリクラブによる公的債務救済である。日本が債務救済をする場合は基本的にこのパリクラブの決定に基づいて行う。1956年にアルゼンチンが債務危機に陥った際、フランス主催の下で主要債権国がパリに集まり、債務救済に合意したことを契機に今の体制が出来上がった。2022年末時点で、アメリカ、ドイツ、フランス、イギリス、日本を含む計22か国が加盟国となっており、世銀やIMFがオブザーバー参加をしている。途上国では、2016年からブラジルが参加している。

パリクラブは3つの会合で構成されている。債務国の経済状況や延滞有無に関する情報交換を行う一般概観会合、新たな債務救済の仕組みを議論する一般問題会合、債務国と具体的な救済措置を議論するリスケ会合である。加盟国が遵守する原則として、全会一致主義や救済措置の連帯主義が挙げられる。後者は、特定の債権国だけが有利となる個別交渉を禁じるものである。

パリクラブは、あくまで非公式な債権者会合との位置づけであり、合意事項に法的な拘束力は生じない。それでも債務救済を通じた債務国の経済回復や返済能力の向上は、債権国の共通利益になるため、長らく有効に機能してきた。最近では、2022年に合意された対アルゼンチンの債務繰り延べや同年に破綻宣言をしたスリランカへの対応がある。

他方、中国に代表される新興国の融資が増えるに従い、最近はパリクラブだけで効果的な対応ができない状況が生じている。例えば、2020年に債務破綻に陥ったザンビアの場合、主要債権国は中国であり、パリクラブ参加国の債権額とほぼ同額が中国を含む非参加国のものであった。

中国はパリクラブの影響を受けないため、従来、債務救済交渉は対象国と個別に実施していた。他方、ザンビアの場合、同じく主要債権国であるフランスと同調し、債務再編問題への対応を主導した。交渉の進捗は必ずしも芳しくないが、中国の参画はパリクラブ参加国から歓迎された。

国際標準型とされてきた先進国の開発協力は、新興国の台頭により、その勢力範囲が狭まりつつある。現在、「途上国による途上国支援」が拡大しており、経済力を持った新興国の影響力が強まる傾向にある（グラフ4－2）。

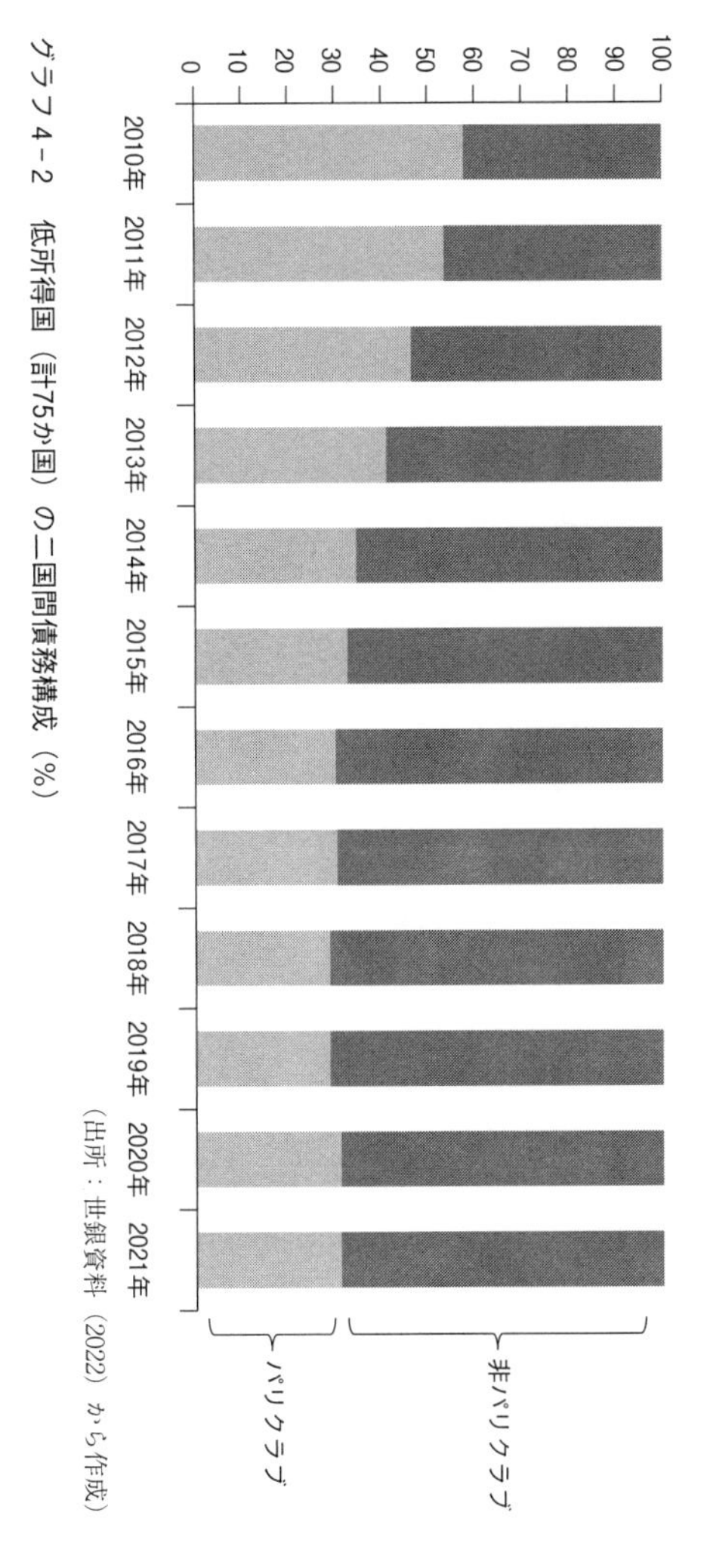

（出所：世銀資料（2022）から作成）

グラフ4－2　低所得国（計75か国）の二国間債務構成（%）

別の観点で言えば、世界の「開発協力市場」において、従来の国際規範に従わない強力な競争相手が増える状況にある。DAC加盟国が国際標準型の開発協力を今後も展開するのであれば、新興国を同じ土俵に引き込む努力とともに、市場で優位に立つ新たな戦略や工夫を検討する必要がある。

2 台頭する新興国

†「途上国による途上国支援」

中国の「一帯一路」に象徴されるように、最近では新興国による途上国支援が増加している。インド、中国、ブラジル、南アフリカ等、急速な経済成長を背景に地域大国となった新興国、サウジアラビア、クウェート、アラブ首長国連邦等、豊かなオイルマネーを資金源にしている中東諸国、チェコ、ポーランド、ハンガリー等、EU加盟を契機に援助国に転じた国々など、その数は多い。このうち、DACに報告があった国の実績をまとめたのが表4－3である。

新興国の名称にかかわらず、インドや中国の途上国支援の歴史は古い。中国は1949

年の建国後に第三世界の盟主を自認し、朝鮮戦争後の北朝鮮、共産主義を採用したベトナム等のアジアの国々、1960年代に独立を果たしたアフリカ諸国に対して支援を行った。これらは、中国自身が旧ソ連から援助を受けていた時期に行われたものである。

インドも1947年の独立直後から周辺国のビルマ（当時）、ブータン、ネパール等に支援を開始している。これは、初代首相ネルーの政治的信念に基づくもので、インドには世界の脱植民地化とそれに伴う新興独立国の政治的かつ経済的自立に寄与する「明白なる使命」があるとした。1950年には、戦後最も早く組織された途上国支援の枠組み「コロンボプラン」の原加盟国となり、アジア太平洋諸国へ技術協力を開始している。日本がサンフランシスコ平和条約を経て国際社会に復帰し、「コロンボプラン」

表4－3　DAC非加盟国の開発協力実績
（100万米ドル、支出純額）

国名	2015年	2017年	2019年
OECD加盟国			
トルコ	3,919	8,121	8,667
イスラエル	233	408	275
リトアニア	48	59	68
エストニア	34	43	48
ラトビア	23	32	34
それ以外の国々			
アラブ首長国連邦	4,318	3,957	2,490
サウジアラビア	859	1,932	2,069
ロシア	1,161	1,190	1,227
カタール	－	－	567
クウェート	304	570	402
台湾	255	319	316
タイ	62	133	144
クロアチア	51	54	73
その他8か国	383	383	466
合計	11,650	17,201	16,846

（出所：「開発協力参考資料集2021年版」より作成。ただし、DACに報告を行っている国のみ記載（中国やインドは報告なし））

に参加したのは１９５４年であり、インドはそれ以前から途上国支援に従事していたことになる。

　中国を除いた日本の近隣国では、韓国やタイが主要な支援国である。韓国は１９６３年から協力を開始しており、特に経済開発が軌道に乗った１９８０年代に、国際収支黒字を活用しながら資金協力を増加させた。１９６５年の日韓基本条約に基づき供与された日本の資金協力による国内開発の経験を参考に、自国企業の輸出や投資の促進を念頭においた途上国支援を展開した。

　１９９６年にＯＥＣＤ加盟を果たした韓国は、協力の性格が自国利益追求型から国際開発目標達成型に移行しつつある。国内には、有償資金協力を行う対外経済協力基金（ＥＤＣＦ）と技術協力を所管する韓国国際協力団（ＫＯＩＣＡ）が援助実施機関として設立されている。

　タイは、１９５４年に「コロンボプラン」に参加し、アフリカや近隣国に対して農業を中心とした技術協力を開始した。戦前に独立を保ったタイは、植民地下にあったカンボジア、ミャンマー、ラオスとの開発格差が大きく、インドシナ半島で主導的な地位を確立していた。特に冷戦構造が崩れた１９９０年代からメコン地域の発展と安定を実現するため、周辺国に対する支援を拡大した。

近隣の国々に支援を集中したのは、経済格差による不法移民や薬物の密輸がタイ社会へ及ぼす影響を軽減するためでもある。タイの支援は、資金協力を行う周辺諸国経済開発協力機構（ＮＥＤＡ）と技術協力を行う国際協力開発機構（ＴＩＣＡ）が担っている。

これら途上国による支援は、いくつかの特徴を有する。わかりやすいのは、自国の輸出や投資の拡大を伴う商業主義的な性格の自国利益追求型である。現在の中国や１９９０年代までの韓国がこれに当たる。中国の場合、天然資源に恵まれたアフリカの国々に中国企業の受注を義務づける「タイド条件」の借款を供与している。事業によるが、道路や港湾等のインフラ整備に加え、採掘技術の移転を行い、開発した資源の一部を輸入するかたちをとる。

一方でインドは、反植民地主義に基づく途上国どうしの互助や内政不干渉の原則を重視した平等互恵型援助を基調としてきた。ただし、１９９１年の湾岸戦争による外貨危機を契機に経済自由化が進んだことで、商業主義的な性格や対中国を意識した外交政策上の色彩が強まりつつある。

このように、途上国による途上国支援は多様であり、国内の政治的要因や地政学上の理由によって、その性格が変化する。中国やインドのように、既存の国際社会に大きな影響力を持ち始めた国々は、外交政策を実現する有効手段として、途上国支援を活用する方針を強化している。他方、その手法はDACの定める国際基準と異なるため、支援規模が拡大すれば、中国のように、先進国から脅威や懸念の対象と見なされる可能性がある。

†中国の支援

中国は冷戦期においてすでに援助大国であった。1963年の対外援助8原則で「平等と互恵」や「内政不干渉」を明示し、非同盟諸国どうしの結束強化を図るため、アフリカやアジア諸国向けに無償資金協力を供与していた。推計によると、その援助規模は当時の先進国並みとされている。

中国による支援の性格は、1990年代半ば以降から少しずつ変質する。主に融資を用いたインフラ整備や資源開発を拡大し、自国利益追求型の商業主義的傾向が強まった。その背景として、多くの途上国が経済発展を遂げ、非同盟主義の思想が薄れるとともに、中国の経済運営において途上国との関係が重要性を増したことが挙げられる。具体的には、資源確保、海外市場の拡大、急増する外貨準備高、欧米との貿易摩擦等、高度経済成長に伴う環境変化への対応に途上国との関係強化が必要となった。

1990年代に石油の純輸入国になる中、特に資源獲得は、中国にとって国家開発上の大きな課題であった。政府の5か年計画の中でも資源確保を目的とした「走出去」（経済のグローバル化）戦略に言及し始めた。その方針に従い、途上国支援が国家戦略達成の1つの手段と位置づけられるようになる。1979年から中国に供与された日本の円借款による国内開発の成功体験が、経済インフラ中心の支援を後押ししたとの見方もある。いわゆる貿易、投資、雇用の経済循環型の協力モデルである。

この戦略を国際的に認知させたのが、2012年に習近平総書記が打ち出した広域経済圏構想「一帯一路」である。この構想では、中国西部からユーラシア大陸を横断し、中央アジア経由で欧州を結ぶ「陸のシルクロード」を一帯とし、中国沿岸部から東南アジア、スリランカ、アラビア半島沿岸部、アフリカ東岸を経て地中海に至る「海のシルクロード」を一路とする。この遠大な構想を実現するために、途上国の開発事業に対して、無利子融資（元建て、返済期間10年）、優遇融資（元建て、金利2％から3％、返済期間15年から20年）、輸出信用（米ドル建て）等の供与が本格化した。

2014年に同国で公表された対外援助白書によると、対象地域はアフリカが約5割、アジアが約3割、ラテンアメリカとカリブ地域が約1割、その他となっている。支援対象分野は道路や港湾などのインフラ整備が約7割を占める。通常、輸出信用は先進国の開発協力の計算に含まれないため、それを除く中国の支援額を推計すると、日本と同等の規模に達しているとされる。

スリランカの首都コロンボやケニアの首都ナイロビを走る高速道路、ラオスの首都ビエンチャンから中国国境ボーテンに至る鉄道、パキスタンのグワダル港とカラチやペシャワールを結ぶ道路と鉄道網等、今ではさまざまな国で「一帯一路」事業を実際に目にすることができる。

この中国の広域開発構想を既存の国際秩序に対する脅威とする論調は多い。「体制間競争」の一環として、中国の野心を実現するための取組みとする見方である。事業に入札を伴わず、特定の中国企業を従事させる手法やスリランカのハンバントータ港のように借金免除を条件に港の管理運営権を中国に譲り渡す政治性が批判の矛先になっている。特に中国の膨張主義に神経をとがらせるアメリカやインドからの懸念が強い。最近では、途上国に広く共通する問題として、債務持続性の軽視も指摘されている。

債務問題については、前出のスリランカの債務破綻が象徴的であった。ロシアのウクライナ侵攻を契機に、世界的なインフレとドル高が進み、ドルでの借金が多い途上国の債務状況が悪化する中、中国の「貸し込み」政策に対して厳しい視線が注がれた。すでに2018年の時点で、アメリカのペンス元副大統領は中国のやり方を「借金漬け外交」と評し、「一帯一路」構想を含め厳しく批判している。

†「貸し込み」への批判

アメリカのシンクタンク「世界開発センター」は、2018年当初に「一帯一路」に参加する途上国の債務に関して、調査結果を発表している。その中で多重債務に陥っている国としてジブチ、モルディブ、パキスタン、キルギス、ラオス、モンゴル、モンテネグロ、タジキスタンの8か国を具体的に示した。また、IMFの発表では、低所得国に分類される計37か国の2007年から2016年までの中国からの債務合計額は、約13倍に膨らみ、その国内総生産額に占める割合が0・3%から4・2%に増えたとしている。特に以前より重債務に陥っていた国々では、中国に対する債務額が同期間に約40倍も増え、国内総生産額の約10%に達しているとした。

一方、同じ期間における先進国の融資による債務額の同割合は、7・4%から2・2%に減少している。この事実を受けて、2018年末のG20サミット首脳会議の宣言では、低所得国の債務脆弱性の対処と債務情報の透明性確保が盛り込まれた。

一連の批判に対し、中国は債務問題について前向きに対応する姿勢を見せている。まず、「一帯一路融資指導原則」に資金と債務持続性のバランスを図ることを盛り込んだ。また、2018年の中国アフリカ協力フォーラム(FOCAC)の場で、アフリカ諸国の債務持続性の改善を積極的に支援すると表明し、実際にエチオピアの債務繰り延べに同意した。ザンビアの債務不履行への取組みは既述の通りである。

商業主義的な色彩が強すぎるとの批判に対しては、それまで商務部対外援助司が所掌していた途上国支援業務を国務院直属の国家国際発展協力署に移した。この2018年の組織改編を機に新たな「対外援助管理弁法」の策定を行い、2021年に公布している。ただし、途上国支援の実情を報告する白書は2014年以来公表されていない。

アメリカと中国の対立が深まる中、中国の「一帯一路」構想とそれを具体化する途上国支援の手法には、引き続き厳しい視線が注がれている。他方で、2021年半ばまでには「一帯一路」の推進に関して協力の覚書を中国と交わした国の数は140に上る。この中には途上国のみならずEUの国々も含まれる。この状況下で、習近平総書記の主導体制が2022年より第3期目に入ったことに鑑みれば、融資規模の縮小はありつつも、従来の取組みが継続される見通しである。

†債務再編への動き

重債務に苦しむ途上国に対し、債権者が協力して債務再編や繰り延べを行うパリクラブの枠組みに中国は参加していない。そのため、足並みを揃えて対象国を交渉することが従来困難であった。アメリカの研究機関エイドデータによると、返済確保に力を入れ始めた中国は、他の債権国より中国への返済を優遇する条件やパリクラブの債務再編を中国が拒否できる条項を融資契約に盛り込むことが2015年以降に急増している。また、融資条件を対外公表しない守秘義務の合意が常態化している。

一方、途上国の債務問題が熱を帯びる中、過剰な「貸し込み」に対する批判に対し、中国政府は債務再編の議論にさらに同調する動きを強めている。2019年の「一帯一路」国際協力フォーラムでは、国際基準に沿ったインフラ事業の展開とともに債務持続性を重視する「債務持続可能性に関する分析枠組み」を公表した。

2020年には、中国も参加するG20間でパリクラブやIMFと連携して債務問題に取り組むことが合意されている。実際に、中国が参加するかたちで「債務支払い猶予イニシアティブ」が成立し、低所得国が抱える公的債務の支払いを一時的に猶予する措置がとられた。この債権国による取組みは2021年末まで継続し、その期間に約50か国を対象に計129億ドルの返済が猶予された。その資金が対象国のコロナ対策等に利用されたと評価されている。

また、貸付先の債務破綻を回避する観点から、前述のように融資供与に対する姿勢にも変化が出ている。途上国からの要請であっても、採算性に乏しい事業への融資は控える姿勢が顕著となった。例えば、ケニア政府が求めた首都ナイロビからウガンダ国境までの鉄道延伸事業は合意に至らなかった。これにより、当初計画で予定されていたウガンダの首都カンパラまでの鉄道網事業が宙に浮いた状況になっている。

中国の融資による巨額債務は、日本の開発協力にも影響を及ぼしている。支援を行ってきた国々で対外債務が増えているため、新規円借款の供与に慎重な検討が必要となっている。円借款の供与時には対象国の債務分析が必須であり、債務持続性に問題のある国には供与を控えるのが通常である。中国の融資拡大によって、日本からの支援が滞る構図になりつつある。

途上国の債務状況が悪化する現状では、中国も巨額融資の供与には当面慎重にならざるを得ない見込みである。また、中国に次いで主要な債権国となっている日本は、返済確保の観点からも、債務再編の協議に中国の参加を求める働きかけを強めていく必要がある。このように、「開発協力市場」での勢力地図の変化が債務再編の議論にも影響を与えているのである。

3　インドの途上国支援

†協力の実績

中国が途上国支援を積極的に展開していることは知られているが、前述のように、インドも独立後すぐに取組みを開始し、その規模を拡大している。特に2014年から続くモディ政権下で、アフリカや近隣国への支援量が増加している。

インドは、伝統的に非同盟主義や反植民地主義を推進する手段として途上国支援を位置づけてきたが、最近では経済政策の意味合いが濃くなりつつある。また、近隣国との安定的な関係を強化する安全保障の観点で支援が活用されてきた。近年、特に中国の膨張主義に対抗する戦略的な対応手段としての性格も帯びつつある。

インドの途上国支援はどのような内容であろうか。中国の手法と違いはあるだろうか。また、「自由で開かれたインド太平洋（FOIP）」のパートナー国として、日本が途上国支援で連携することは可能だろうか。

インドは、「開発パートナーシップ業務」として途上国支援を展開しており、現在、技術協力、無償資金協力、および有償資金協力を実施している。同業務の監督官庁は外務省であり、有償資金協力はインド輸出入銀行が実施機関となっている。

技術協力・無償資金協力については、1964年にそれまで行ってきた業務を整理し、改めて「インド技術経済協力（ＩＴＥＣ）」として正式発足させた。協力内容としては、インド国内での研修事業を主な柱とし、専門家派遣、視察事業、機器供与、人道支援を行っている。コロナ蔓延前の２０１８年時点で、支援対象国はアジアやアフリカの計約１６０か国となっている。研修事業については、年間約３００コースに計約１万人を招聘し、インド国内約60機関が専門分野ごとに受入れを行っている。

ＩＴＥＣではさまざまな機関が参画しているが、その中で絹栽培の技術移転を行うカルナタカ州のインドシルク協会はかつて日本の開発協力で発足したものである。インドは女性の伝統的な日常服であるサリーをはじめ、シルク産業が盛んな国であり、アジア最大の繭(まゆ)市場を同州に有している。一方、１９８０年代には、繭の生産性や餌となる桑の栽培量不足の課題を抱え、インド政府は日本に対して絹生産への技術協力を要請した。

これに対し、日本からは大学教授を中心とする専門家グループが派遣され、インド側の人材育成のため、桑の栽培手法や導入機器の操作の指導が行われた。合計10年間の協力により、繭の生産性に顕著な改善が見られ、現在はその薫陶を受けたインド人専門家が途上国の研修生を指導している状況である。

長期低利の融資を供与するインドの有償資金協力は、２００４年に「インド開発および経済支援スキーム（ＩＤＥＡＳ）」として発足した。現在まで、アジアやアフリカの国々約

100か国を対象に融資が行われている。供与条件は、対象国を所得水準で3つのカテゴリーに分け、その分類に従い、金利は1%から2%、返済期間は15年から25年（据置期間各5年）と設定している（表4−4）。事業に従事する建設業者等の調達条件は、インド企業の「タイド条件」としており、物資・サービスの75%以上はインド原産を義務づけている。融資通貨は米ドルである。

表4−4　インドの途上国融資条件表

条件	国の分類		
	カテゴリーⅠ（対象26か国）	カテゴリーⅡ（対象57か国）	カテゴリーⅢ（その他途上国）
金利	1.5%	1.75%	LIBOR+1.5%
据置期間	5年間	5年間	5年間
返済期間	25年間	20年間	15年間

（出所：インド財務省通達（2022年3月）より作成）

有償資金協力の開始時（2001年）から2022年6月までの貸付承諾累計額を見ると、計約279億米ドル（約3兆8000億円）、融資契約は合計273件に上っている。承諾額の地域割合は、アジア向け55%、アフリカ向け40%であり、残り5%の内訳は中南米、オセアニア、旧ソ連地域（CIS）となっており（グラフ4−3）、承諾額はモディ政権発足後に顕著な増加傾向にある（グラフ4−4）。

融資の対象分野別では、運輸、農業、電力が中心であり、単体で複数分野を含む多目的事業も多い。国別で見ると（表4−5）、アジアでは、バングラデシュに対する融資が全体の半分強を占め、地域の連結性を強化する道路等の運輸分野が主な支援分野となっ

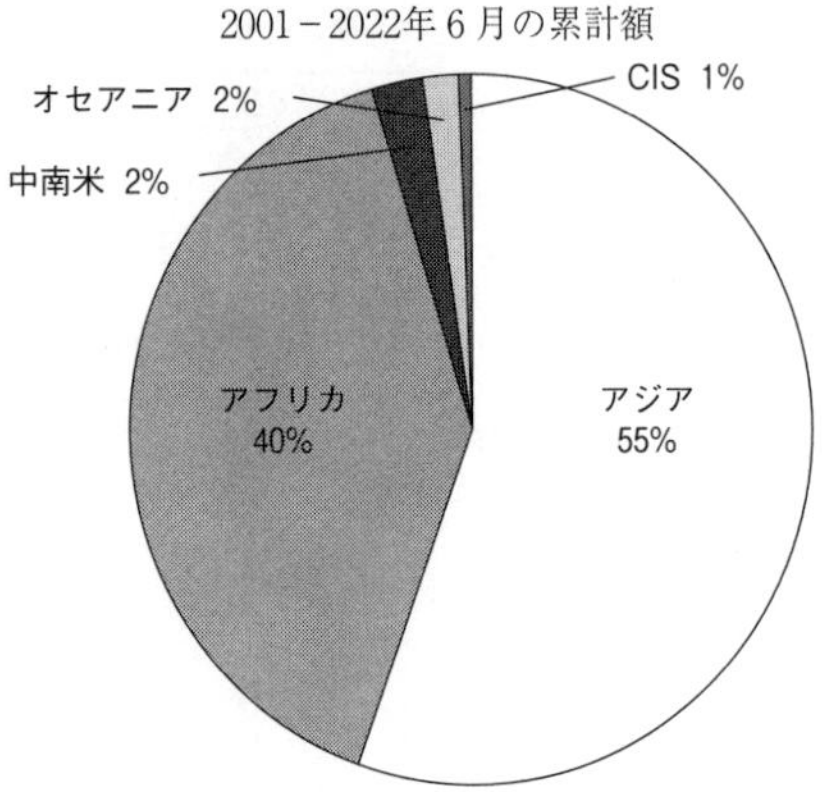

2001－2022年６月の累計額

（出所：『現代インド・フォーラム』No.57から作成）

グラフ４－３　地域ごとの融資供与割合

ている。インド近隣国では、バングラデシュに続き、ネパール、スリランカ、モルディブに対する供与額が大きい。アフリカではタンザニア、モザンビーク、スーダン等に対する融資が多く、農業やエネルギー分野が主である。中南米やオセアニア等のその他地域では、キューバへの融資が最も多く、これにフィジー、ギニア、パプアニューギニアが続くかたちになっている。

融資は借入国からの要請に基づき、実施機関となるインド輸出入銀行が事業の妥当性を審査し、外務省と財務省にて精査後、供与の決定がなされる。融資承諾後は、同銀行が入札などの調達手続き支援や進捗監理を行う。現状では、日本のような現地事務所による監理体制や事業効果の評価制度は確立されていない。

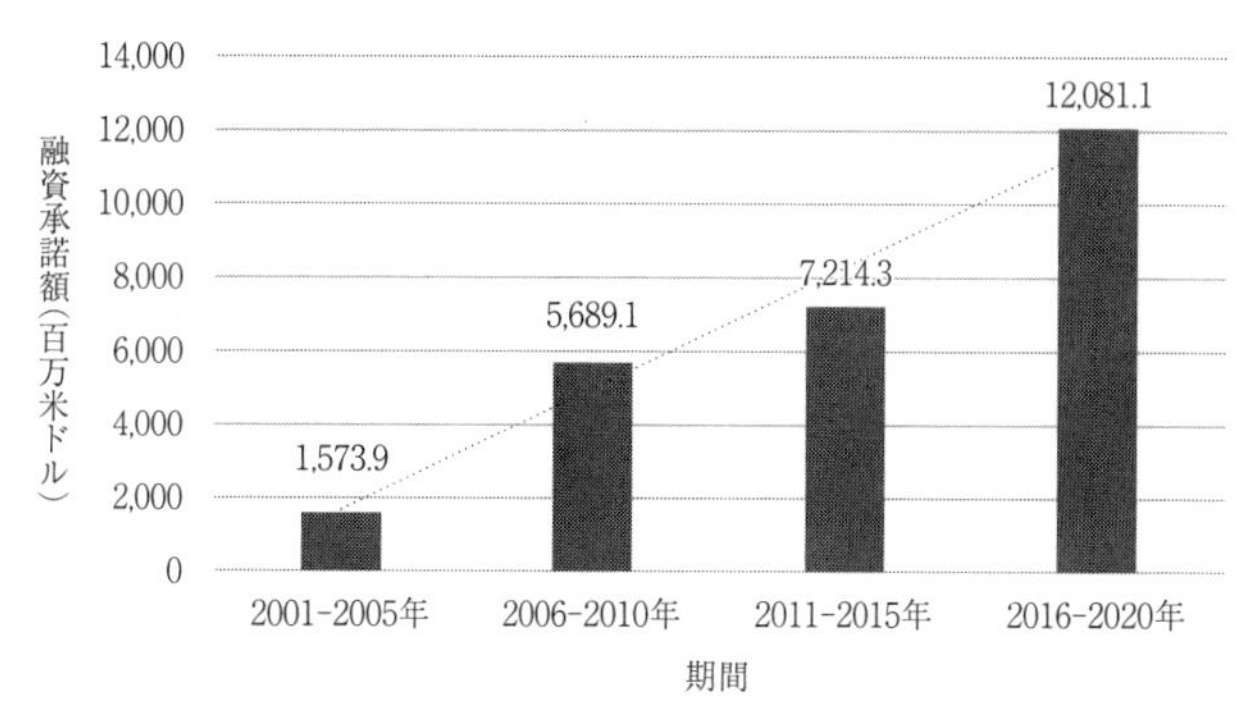

（出所：同前）

グラフ4－4　インド途上国融資の承諾額推移

表4－5　融資累計額（2001-2022年6月）上位国

国名	融資額合計（百万米ドル）	地域
バングラデシュ	7,862	アジア
ネパール	1,650	アジア
スリランカ	1,529	アジア
モルディブ	1,330	アジア
モンゴル	1,256	アジア
タンザニア	1,115	アフリカ
モザンビーク	772	アフリカ
スーダン	757	アフリカ
エチオピア	725	アフリカ
モーリシャス	715	アフリカ

（出所：同前）

†支援の特徴

現在のインドによる途上国支援にはいくつか特徴が指摘できる。第一に、商業性の色彩が濃くなっていることである。前述のように、インドの融資は「タイド条件」であり、インド企業の受注が条件となっている。すなわち、以前の日本や現在の中国のように、融資を通じて国内企業の輸出や投資を伸ばす「経済協力」の性格が伴いつつある。

第二に、エネルギー資源確保を念頭に置いた対象国選定である。インドは原油を他国に頼っており、輸入額に占める割合が最も大きい。このため、資源産出国であるミャンマーやスーダンへの支援が増えている。

第三に、近隣国との連結性を強める物流促進事業が増加していることである。バングラデシュやネパールの道路整備が代表的であるが、これらは経済関係強化と地域の安定確保の双方を目的としたものである。

第四として、アフガニスタン等、脆弱国への支援を強化していることである。特に国境問題で係争を抱えるパキスタン関係の文脈で、テロリストや難民のインドへの流入を防止しようとするものである。

さらに第五として、同じ国境を争う中国を意識した周辺国への支援が増加していることである。インドは中国との緩衝地帯となっているネパールやブータンを伝統的に重視し、長年インフラ整備等を支援してきた。1950年代にネパールへの初の大型支援となったカトマンズとインド国境のラージパトを結ぶ道路建設事業は、1950年に起こった中国によるチベット侵攻への対抗措置とされる。

インドが支援を行ったミャンマー国内の道路整備や同国西部に位置するシットウェー港の開発は、中国がミャンマーで推進するガスパイプライン敷設事業を念頭に置いた対応である。また、日本と協力して実施しようとしたスリランカのコロンボ港開発も中国の「進出」に危機感を覚えてのことだった。実際に中国は運営権を譲渡されたハンバントータ港に軍艦を寄港させている。

近隣国向けのみならず、アフリカ向けの支援が増えているのも対中国の文脈で理解される。インドが力を入れる技術協力は、1962年のインドと中国の国境紛争発生時に多くのアフリカ諸国が中国の支持をしたことを受けて創設されたものであった。インドは2008年からアフリカ諸国向けの首脳会合を開いており、貿易投資に加え、開発協力の約束も表明しているが、これも2000年当初に始まった中国アフリカ協力フォーラムを意識したものである。

インドの途上国支援は拡大しているが、中国が推進する「一帯一路」のような野心的な戦略の色は薄く、対等な関係に基づく友好関係増進を強調している。実際、アフリカの融資事業を見ても、道路整備や農業開発が多く、資源収奪のような露骨な手法は採用していない。また、返済免除の代わりに施設や土地の接収をする行為は見られない。

他方、ブータンやネパールなどの近隣国では、インドからの内政圧力に反発する風潮がある。ネパールの政党には、インド派、中国派の色がある。中国ほど露骨ではないにしろ、インドの支援政策に一定の政治性が内在しているのは明らかと言える。その意味で、インドの支援は、対等関係に基づく互恵、貿易投資促進の商業性、安全保障面の政治性が混在した性格になっている。

なお、インド当局は、「援助」や「支援」という言葉は相手国との対等関係を崩すものとして原則使用せず、「パートナーシップ」という言い方に固執していることは付記しておく。

†日本と途上国の連携

インドを含む途上国による支援と日本の開発協力が連携することは可能だろうか。実はすでに少なからぬ実績がある。その代表的な事例は三角協力と呼ばれる形態である。これは、途上国と日本が連携し、共同で他の途上国を支援する手法である。

例えば、メキシコと連携したエルサルバドルへの耐震分野の協力が挙げられる。メキシコは1985年の大地震の際、日本の開発協力を通じて国立防災センターが建設され、日本人専門家による耐震技術の伝授が行われた。この実績を踏まえ、2001年にエルサルバドルで地震被害が起こった際、メキシコ政府が支援を申し出て、日本とともに共同で耐震事業を実施した。

メキシコ人とエルサルバドル人はスペイン語を使い、生活習慣が似ているため、両国の専門家どうしの意思疎通は円滑に進んだ。メキシコ人は日本から伝授された耐震技術の移転を行い、住宅の耐震性実験技術や地震に強い住宅の普及で成果を上げた。この事業は、三角協力の有効性を示す模範事例となっている。

マレーシア駐在時に筆者も三角協力を担当した。アフリカのザンビア向け投資促進事業で、日本とマレーシアの専門家が共同で投資促進の体制作りや企業誘致の活動を行うものである。マレーシアで製造業振興と外国投資の誘致に辣腕をふるった専門家の意見は、当時のザンビアの大統領を動かし、国内の投資環境整備が推進された。投資促進の分野では、経済発展の程度が自国より少しだけ進む途上国の経験が身近な事例として説得力を持つ場合がある。ザンビアとマレーシアの関係は、まさにその条件に合致した。

マレーシアでは、アフリカ向け「カイゼン」研修や中東向け中小企業支援でも日本と三角協力が行われてきた。アフリカや中東から公務員等を招聘し、マレーシアの専門機関で数週間の研修事業を実施するもので、日本からも講義を担当する専門家が参加した。三角協力は、他国でも展開されており、日本はタイ、インドネシア、エジプト、ブラジル等、10か国以上と三角協力のための協力協定に合意している。

開発協力における連携では、インドとも実績がある。例えば、コロナ禍前には、アフガニスタンの農政担当者の研修をインドにおいて共同で実施した。インドに研修生を招聘し、日本からも専門家が参加して、共同で講義や指導を行った。

また、融資の分野でも日本とインドが協力できる可能性は高い。先進国の開発協力機関は、協調融資のかたちで途上国のインフラ事業等を支援してきた。インドのアフリカ支援の内容を見ると、道路建設、鉄道改修、地方給水等のインフラ事業が多い。日本も同様の事業を支援しているため、他の協力機関との協調融資のように、個別のインフラ事業を両国共同で支援することができる。

さらに、協力手法を混合することにより、事業の効果を高めることができる。日本の支援で病院を建設し、その経営方法や医師の研修をインドが担うような構図である。特にアフリカでは、数百万人規模と言われる印僑の人的ネットワークや商業面での影響力があることから、インドと協力すれば、現地に根ざした効果的な支援が期待できる。民主主義や法の支配等、同じ価値観を有するインドと協力し、途上国支援を拡充していく意義はすこぶる大きい。

三角協力以外にもＪＩＣＡと途上国の支援機関との交流や連携が行われている。韓国、中国、タイの支援機関との定期協議、インドネシアやカザフスタンにおける開発協力体制の強化支援、新興国の支援機関も出席する国際開発金融クラブでの協議などである。各機関の方針や手続きに差異はあるが、これらの交流を通じて、相互の立場や考え方への理解が深まり、途上国支援で連携する機運が高まっているのは事実である。

経済力を増す途上国が支援の主体となり、他の途上国を支援する傾向は今後も強くなる見込みである。他の先進国と比べ、三角協力の経験が豊富な日本は、新興国と連携し、効果的な開発協力を実施できる立場にいる。その豊富な実績と実効性の高い手法は、「開発協力市場」における日本の優位性とも言える。

また、途上国との協働は別の副次的効果もある。透明性のある手続きや環境配慮の施策を共有することで、国際標準型の支援方法を普及させる機会にもなりうる。その観点で、特に「自由で開かれたインド太平洋（ＦＯＩＰ）」の同志国であるインドと連携を拡大することは、日本の責務とも言えよう。

4　中国の協力手法

†インフラ協力の事例

途上国が中国に支援を要請するのは、外交関係強化に加え、為政者が望む方法で国内開発を推進できるからである。すなわち、中国の力を借りれば、「速く、安く、目立つかたち」で国家事業を進めることができる。任期の定まった為政者にとって、在任中に自分が主導した大きな公共事業が完成すれば、誇るべき実績として国民に喧伝できる。

中国はDAC加盟国ではないので、その規則や規制に従う必要はない。そもそも先進国が採用する政府開発援助（ODA）の定義を途上国支援に当てはめていないので、「一帯一路」の推進にも準商業的融資等が使われている。輸出信用や投資事業と途上国支援が混在したかたちになっており、それが先進国にとって異質なやり方に映る要因となっている。

「一帯一路」の具体的な事業として、北アフリカで注目を浴びるケニア標準軌鉄道（SGR）を取り上げてみたい。この事業は、ケニアの港湾都市モンバサから首都ナイロビを経て、ウガンダ国境を通過し、同国の首都カンパラまでをつなぐ鉄道計画である。老朽化した既存鉄道が線路に狭軌（1000ミリメートル）を採用したのに対し、新線として標準軌（1435ミリメートル）が使われることから、それが事業名に反映されている。中国の支援で進められた本事業を巡り、建設業者の選定問題、環境への悪影響、巨額債務の是非などが広く議論されてきた。

SGRは、ケニアの国家開発計画「ビジョン2030」における旗艦事業であり、2004年の東アフリカ共同体（EAC）サミットで初めて議題に取り上げられた。2009年には、貨物輸送の広域構想としてケニア、ウガンダ、ルワンダ間の北部回廊イニシアティブが形成され、域内運輸網整備の機運が高まった。

これを受けて、同年、中国道路橋集団公司（CRBC）はケニア政府に対し、将来の建設契約を請け負う条件で、事業の実施可能性調査を無償で実施する申し入れをする。調査に並行して、CRBCは中国輸出入銀行に融資を打診し、同銀行は建設契約をCRBCが受注することを条件に資金提供を内諾した。2012年にケニア政府は、CRBCに土木工事と機器供給を含む建設契約を発注するに至る。

2年後の2014年、李克強首相（当時）がケニアを公式訪問した際に、両政府はSGRのフェーズI事業としてモンバサ―ナイロビ間約480キロの建設事業を対象とした融資契約に調印した。金額は約36億ドル（約4900億円）で、事業費全体の90％に相当し、同時にCRBCが主契約者となることが改めて公表された。

建設工事は同年10月から開始され、当初計画は5年間の予定であったが、2017年の選挙前に完成を欲する当時のケニヤッタ大統領の強い要請の下、わずか2年半で竣工に漕ぎつけた。ケニアが英国の植民地支配から自治を獲得した記念日となる2017年6月1日の「マダラカ・デー（マダラカはスワヒリ後で権力の意）」に正式なサービスを開始したことにちなみ、同路線は「マダラカエクスプレス」と名づけられた。

融資契約が結ばれた2014年には、ケニア鉄道公社（KRC）と中国通信建設有限公司（CCCC）の間でナイロビと北部のウガンダ国境を結ぶSGRフェーズⅡに関する共同調査が合意された。フェーズⅡは、3つの区間（ナイロビ―ナイバシャ、ナイバシャ―キスム、キスム―マラバ（ウガンダ））に分かれ、このうち、ナイロビ―ナイバシャ区間については、2015年の中国アフリカ協力フォーラムの場において、中国政府とケニア政府の間で新たな融資契約が署名された。これは、中国輸出入銀行が事業費用の85％に当たる15億ドル（約2000億円）の融資を行うものである。

フェーズⅡの建設工事は、CCCCが受注し、2016年10月に着工後、約3年の工事期間を経て2019年10月に完成している。「マダラカエクスプレス」完成時の2017年、CCCは自社の事業運営部門の一部をアフリカ・スター鉄道運営会社（Afristar）

に再編し、SGR路線の運営を5年間請け負うことになった。運営契約によると、2022年にAfristarはSGRの運営から撤退し、貨物・旅客サービスを含めてKRCに引き継ぐことになっているが、本書執筆時点でいまだ実現に至っていない。

†中国輸出入銀行の優遇借款

上述のように、SGRのモンバサ―ナイロビ間は2017年、ナイロビ―ナイバシャは2019年に竣工し、現在運行されている。それぞれ、約480キロ、約120キロの区間であり、前者は中国との融資契約から約3年、後者は同約4年で完成に至っている。

モンバサ―ナイロビ間は、東京―大阪間に匹敵する距離であり、この工期での完成は、先進国の常識では想像を超える速さである。国際標準型の支援では、融資契約調印後にコンサルティング企業が入札で選定され、まず詳細設計等の作業が行われる。その後、同設計に基づく入札書類が作成され、建設業者の選定に移る。通常は、国際競争入札が行われ、技術面や価格面の詳細評価を経て契約に至る。

この一連の手続きにより、融資調印から建設開始まで、大型インフラ事業では3年以上かかることも多い。その後本格工事に移るので、完成まではそこからさらに数年以上を要する計算となる。

これに従えば、SGRの場合、DAC加盟国が支援した場合に比べて約半分程度の期間で事業を完成させたことになる。それが可能なのは、中国の優遇借款が入札等の手続きを必要としないためである。

中国のインフラ整備支援に使われる資金は、中国輸出入銀行や国家開発銀行の融資が中心であり、前者による優遇借款は、二国間援助総額で約半分を占める。このため、同銀行は「一帯一路」構想を推進する金融面の中核機関となっており、多くの途上国で融資実績がある。ちなみに、中国が99年間の運営権を獲得したスリランカのハンバントータ港も同銀行の優遇借款により建設されたものである。

同銀行が途上国政府と融資契約を結ぶまでの過程は以下のようになる。⑴中国企業が道路や港湾等のインフラ整備について自ら事前調査を実施↓⑵同企業は調査の実施状況と対象事業について現地の中国大使館に報告↓⑶調査完了後に途上国の所管官庁と「協力意向書」を締結↓⑷対象事業が政府の公共インフラ事業の場合は、同国財務省より借款要請を中国政府に提出↓⑸現地の中国大使館は、意見書を商務部や中国輸出入銀行に提出↓⑹中国輸出入銀行の審査を経て、商務部や外交部が承認↓⑺商務部が相手国と政府間協定を締結↓⑻同協定に基づき、中国輸出入銀行と相手国の財務省との間で融資契約を調印↓⑼事業の所管官庁は事前調査を実施した中国企業に工事等を発注↓⑽相手国の財務省から中国輸出入銀行に貸付実行を依頼、の各手順である。なお、商務部の機能は2018年から国務院下の国家国際発展協力署に移管されている。

SGRの事業も基本的にこの手続きを経て行われた。すなわち、フェーズIではCRBCが事前調査を行い、ケニア政府と事業実施の基本合意を交わし、中国政府を通じて優遇借款を引き出し、自社の事業としてSGRの工事を実施している。優遇借款が供与される時点でケニア政府からCRBCに建設が発注されるので、入札の手続きは省かれる。

これに関し、SGRの調達手続きが不透明であり、ケニアの法律に違反しているとして、2014年の工事開始時に裁判が行われた。しかし、当時の高等裁判所は、一連の手続きは政府調達に即しているとして、これを斥けている。他方、工事完成後の2020年に上訴裁判所が審理を行った際は、業者選定方法は不法であったとする判断を下した。これにより、ケニア国内では従来の中国型の手法によるインフラ整備は難しくなる見通しである。

中国輸出入銀行の優遇借款は、途上国政府が借入人となるが、実態としては自国企業への投資金融であり、中国企業がインフラ事業の計画を作り、同企業の契約受注を前提とした融資となっている。そのため、国際標準型の支援を行う先進国から「手続きが閉鎖的」との批判が絶えない。実際、DAC加盟国に課せられる「アンタイド通報」にあたる情報提供を行っていないため、中国支援の実態を正確に把握することは困難になっている。

†事業のインパクト

モンバサ港とナイロビを結ぶSGRは、平均時速100キロで走行し、既存鉄道で約12時間、高速バスで約9時間かかっていた移動は約5時間に短縮された。運行開始後の乗車率は平均で9割を超え、旅客収入は増加傾向にある。SGRはモンバサ港にも引き込み線を敷いており、貨物輸送も行い、運搬収入を得ている。

ケニア統計局が公表した資料によると、2022年1月から同9月までの実績で約170万人の乗車があり、これは前年の同期間より約3割多い人数である。乗客数の増加により、旅客収入は前年同期間の約15億シリング（約15億円）から約19億シリング（約19億円）に増加した。同じく、貨物輸送量は約400万トンから約450万トンに増え、収入は約90億シリング（約90億円）から約99億シリング（約99億円）に増えている。

一等車の片道料金は3000シリング（約3000円）であり、ケニアの所得水準からすれば高額であるが、エコノミークラス車両の料金は1000シリング（約1000円）となっており、中間所得層でも十分支払える水準である。ちなみに、SGR完成まで主要な移動手段だった長距離バスの片道料金は500シリング（約500円）である。SGRの車両は中国製であり、客車を牽引するディーゼル機関車は中国中車、客車は長春軌道客車が製造したもので、乗り心地の評判は上々である。

SGRは、日本が支援するインフラ事業の効果向上にも役立っている。モンバサ港は従来日本の円借款により拡張が行われてきた。コンテナ用の岸壁建設や荷役機器の設置を通じて、今や同港は、北アフリカで最大規模の貨物取扱量を誇る。2022年には、新しいコンテナターミナル（バース22）が完成し、次期拡張計画の調査も行われている。

同港を起点にケニア国内を通り、ウガンダやルワンダ等、周辺の内陸国との物流網を形成するのが第3章で紹介した「北部回廊計画」であり、SGRは貨物輸送を通じて同計画に寄与している。ケニアと周辺5か国により構成される北部回廊運輸交通調整機構（NCTTCA）と筆者が面談する機会を持った際、先方は、日本と中国のインフラ整備による相乗効果を強調していた。

このように、事業効果としては、今のところ大きな問題が見られないSGRであるが、建設期間中には労働者の待遇や環境問題が国内で取り沙汰された。また、国家予算の2割に当たる巨額債務に関する議論は今でも続いている。

批判の内容

中国による途上国支援の特徴として、建設を受注した中国企業が自国から労働者を調達し、現地で工事に従事させることが指摘されている。ＳＧＲでも、その慣行によってケニア人の雇用機会が乏しいことや中国人労働者との待遇差別の問題が新聞等を賑わした。

事業を担当する中国企業からすれば、自国で建設工事の経験を有する労働者のほうが統制しやすい。また、自国労働者の賃金水準は、支援対象国内の相場と比べて大差はない。このため、工事をすばやくかつ安く済ませるためには、自国労働者を調達するほうが合理的と言える。

フェーズⅠ事業を請け負ったＣＲＢＣによると、建設期間中に４万人以上のケニア人労働者が雇用され、下請け等で１０００社以上の現地企業が関与したとする。また、工事を通じて必要な技術移転を行い、事業完成後はケニア鉄道研修所と連携し、機関車整備や列車運行に関する研修を導入したと発表している。

これに対し、現地労働者の雇用は一時的なものがほとんどであり、まともな技術移転はなされなかったとの指摘や中国人労働者との処遇に格差があったとする抗議が行われた。また、２０２２年の大統領選挙では、現職のルト副大統領（現大統領）がＳＧＲへの批判を念頭に、国内で増加する中国人労働者への対策を明言する一幕もあった。

環境面では、特にフェーズⅡの事業がナイロビ国立公園内を横断することになり、物議を呼んだ。公園内の建設は、都市部の住民移転を回避するための代替策として政府当局が認めたものである。しかし、この認可に疑義があるとして、2016年にケニア野生動物保護連合と環境保護活動家が共同で国家環境土地裁判所に訴えを起こした。同裁判所は建設工事を停止するよう判決を下したが、それにもかかわらず、工事は続行された。これにより、公園内には約7キロにわたってSGRの高架路線が建設されている。

筆者は、2022年10月に同公園を訪問する機会があり、軌道を支える高さ18メートルの支柱が延々と続く様子を間近に見た。シマウマやインパラの群れに混じって突如現れるコンクリートの人工物には、さすがにあっけにとられる思いだった（写真4-1）。草原を突っ切る高架鉄道の風景は壮観ではあったが、だいぶ強引な様子に見えた。裁判所の判断を無視するような事業の進め方は、日本を含む先進国であれば到底認められないであろう。

写真4-1　国立公園を横切る高架路線（写真：小笠治輝）

また、SGRの工事を巡っては、土地補償に関して汚職があり、鉄道公社の常務取締役や国家土地委員会の委員長が逮捕された。加えて、CRBCに勤める中国人とケニア人が乗車券詐欺関連の捜査において、当局高官を買収した罪で起訴される不祥事もあった。日本の開発協力で同様のことが起これば、報道での批判にとどまらず、場合によっては、国会での追及対象になりうる事案である。

このように、ＳＧＲを巡る負のインパクトは、従来、人権団体や環境団体が中国の融資事業で提起してきた問題にも重なる。さらに、先進国が最も懸念するのが「債務の罠」である。ケニアの場合、２０２０年末時点の中国債務はＧＤＰ比で６・９％、公的債務額の10・５％、対外債務額の20・５％を占める。これは、前ケニヤッタ大統領のインフラ事業を重視した政策に拠るもので、ＳＧＲやナイロビ市内の空港と中心部を結ぶ高速道路等、複数の大型事業が中国の融資で実施されてきた。

現在のケニアは債務過剰の状態であり、世銀の分析で債務持続性のリスクが最も高いグループに分類されている。すなわち、中国への依存によって、他の支援国からの融資が滞る状況になっているのである。

第 5 章
実施体制の強みと課題

2015年のネパール地震の際に現地で活動する日本の緊急援助隊(AFP=時事)

1 総合力と「サイロ」化の罠

†開発協力の主役

日本の開発協力に携わる機関や団体は多い。政府の一般会計予算だけを見ても、計12省庁および内閣府が配分対象となっている（表5－1）。外務省や財務省は、JICAや国際機関に出資金等を充当するため金額が大きい。同じく、予算額が比較的大きい文科省は、途上国からの国費留学生を所管しており、奨学金が大きな割合を占めている。コロナ禍の影響で留学生の入国に影響があったが、この制度によって、2021年5月時点で約8200人の国費留学生が日本で学んでいる。

開発協力の主要な実施機関はJICAである。外務省が監督省となり、協力の種類によって、関係省庁が支援の決定に関与する。例えば、円借款事業の採択は外務省、財務省、経済産業省との合議で決定される。外務省は現地の団体を対象とする草の根無償資金協力を直接実施しているため、政策作りとともに実施も担当する。経済産業省は、産業人材育成に関する調査やインドの「日本式ものづくり学校」への技術協力等を行っており、同じく政策と実施の双方を所管している。すなわち、ほとんどの省庁は、開発協力の実施機関も兼ねている。

また、技術協力の分野では、中央省庁の職員が専門家として途上国に派遣されてきた。国土交通省や農水省の技官が途上国の役所に席を置き、それぞれの専門性を生かして開発計画の策定や設計基準作りの支援に従事している。相手国の中央省庁で仕事をするので、現地の情報や組織の内部事情にも詳しく、二国間関係の友好促進においても貴重な役割を果たしている。中央省庁から現地の大使館配属となり、開発協力業務の担当官として事業に携わる場合もある。

「官」の参画という観点では、国内の地方自治体や政府関係機関の役割も重要である。特に途上国の行政官

表５－１　開発協力予算の配分（一般会計予算）

区分	2020年度	2021年度		
	予算額	予算額	増減額	伸び率
内閣本府	－	19	19	皆増
警察庁	18	19	0	1.7
金融庁	166	189	22	13.4
総務省	822	819	-3	-0.4
法務省	450	357	-93	-20.8
外務省	442,901	449,798	6,897	1.6
財務省	77,514	78,023	509	0.7
文部科学省	16,847	17,119	272	1.6
厚生労働省	6,417	6,229	-187	-2.9
農林水産省	2,686	2,599	-87	-3.2
経済産業省	12,267	11,978	-289	-2.4
国土交通省	336	315	-22	-6.5
環境省	590	492	-98	-16.6
計	561,015	567,955	6,939	1.2

（出所：「開発協力白書2021年版」より作成）

を対象とする研修機関として、これらの組織は開発協力に貢献している。具体的には、JICAの国内センターと調整し、分野や課題別に組まれた研修内容に従って、視察や講義を引き受けている。地方には、農業協同組合や「道の駅」等、途上国にとっては学びの材料が豊富にあり、日本の行政や社会を学ぶ貴重な機会になっている。

†知見に秀でる地方自治体

各自治体は、地理的な環境や地元の産業に基づく特色を生かした研修事業を行っている。例えば、自然資源が豊かな北海道は、森林や湿地帯の保全に関する経験に秀でており、それを主題とした研修を実施している。湿地生態系の保全や管理を定めるラムサール条約の締約国は、国内で制度や体制を整える必要があり、知見の習得が課題となっている。これに該当するインド、フィリピン、モンゴル、マレーシア等の行政官が実績豊かな北海道の取組みを学び、自国の行政に生かしている。

また、環境問題の取組みに熱心な福岡県では、廃棄物処理の手法である「福岡方式」や住民の省エネ活動を途上国の研修生に紹介している。埋立地にパイプを通し、空気の流れを作ることで汚水処理を容易にする「福岡方式」は、費用が安く、東南アジアを中心に普及が進んでいる。

筆者がタイに駐在した当時、政府は村おこし政策の本格化を意図し、日本の「一村一品」を手本にした地方開発を進めようとしていた。支援の要請を受けたため、日本国内で実績のある複数の自治体から職員を派遣してもらい、事業経験や特産品開発の課題を伝える機会を設けたことがある。その後、ＯＴＯＰ（One Tambon, One Product, 一村一品の意味）が全国に広がり、毎年バンコクで行われるＯＴＯＰイベントには、現在約３０００店が出品するまでに至っている。２０２０年時点でＯＴＯＰに関わる地元のグループや個人生産者数は10万を超える規模に達した。タイの実績は、日本の地方自治体の経験が途上国に「移植」された事例と言える。

このように、「小さな開発モデル」の実績にすぐれた地方自治体は、途上国の行政官にとって魅力的な学びの対象になっている。参加者は、自然豊かな地方の街並みに親しみを感じるとともに、県庁や役場の職員と容易に打ち解ける傾向にある。自治体が直面する共通の課題を知ることで、日本の経験に親和性を感じ、学ぶ姿勢が真摯になる。参加経験者の多くは、数十年前の滞在であっても、日本の地方に滞在した体験とそのとき出会った自治体職員の親切さを懐かしそうに語ってくれる。

†現地での活躍

国内研修に加え、地方自治体は途上国の現場でも活動を実施している。中には、その成果が国内外から高く評価されている事例もある。

水道から安全な水が飲めるのは、アジアでは日本、シンガポール、そしてカンボジアの首都プノンペンのみである。日本の資金協力で整備された水道施設の運営に北九州市が参画したことで、プノンペンで安全な水の供給が可能となった。さらに、同市の支援により、1桁台の無収水率（水道料金が徴収できない率）が達成された。この実績は「プノンペンの奇跡」と呼ばれ、国連のSDGs事例集にも掲載されている。

1990年代初頭まで続いた内戦により、プノンペン市内の給水能力は当時約4割にまで減少していた。また、水道管の老朽化による漏水や市民の盗水行為のため、当時の無収水率は7割を超える水準に達していた。ほとんどの住民は水道から水が入手できず、正規料金の10倍も高い値段を払って、水売り業者から購入することを余儀なくされていたのである。

1990年代後半になり、市内のプンプレック浄水施設が日本を含む外国政府の支援で稼働し始めた。その時期にプノンペン水道公社の局長に指導力にすぐれたエク・ソンチャン氏（後の総裁）が着任し、職員の規律向上を含む組織改革や市民との関係強化の取組みが本格化した。そこに水道行政の知見を有する北九州市から職員が公社に派遣されたことで、新たな取組みが大きな成果を生むことになる。

例えば、漏水や盗水対策については、市内の配水地域をブロック化し、配水監視システムの導入を図った。盗水の摘発強化と相まって、市内の無収水率は減少し、約6％まで大きく改善した。この数字は、北九州市の8％を上回る水準であり、数十パーセントの無収水率が当たり前の他の途上国首都圏に比べれば、まさに奇跡的な成果である。このプノンペンでの実績を踏まえ、現在、北九州市はカンボジア国内の8州都にある公営水道局に職員を派遣し、組織の経営改善に尽力している。

地方自治体は、上下水の他、保健衛生、廃棄物処理、初等および中等教育、社会福祉、農業普及等の分野で知見や手法が豊富である。まさに「小さな開発モデル」を実践してきた自治体は、開発協力の現場でも頼りにされる存在になっている。２０２２年末時点で、ＪＩＣＡと正式な連携協定や覚書を結んでいる自治体は9県、11市町村を数えるが、研修事業を含めると、ほぼ全国の都道府県が開発協力に参画している。

最近では、自治体における外国人材の受入れについても、開発協力との接点ができている。ＪＩＣＡの調査では、日本の持続的な成長のためには、今後20年間で現在の4倍、約

670万人の外国人労働者が必要との試算がある。このため、有能な人材の受入れは、自治体にとって喫緊の課題であり、開発協力の一環で人材育成や就職斡旋が行われている。第2章で触れた「宮崎・バングラデシュ・スタイル」がその事例である。

今の外国人労働者の受入れ状況は、日本の国内問題と途上国の開発問題が密接につながっていることを示している。「グローカル」という概念は、従来「地球規模の視野と地元の視点を生かした企業の取組み」を指して使われることが多かったが、地方自治体と途上国の労働需給関係にもあてはめることができる。この観点で、地方自治体の開発協力への参画は、自らも裨益する「グローカル」戦略の一環として位置づけられる。

第2章で述べたように、地方自治体の参画を含め、日本の開発協力における1つの特徴は、産官学の三位一体型支援であり、まさに「全員野球」で協力を遂行できる点にある。それに国際機関や外国の非営利団体も加えれば、協力に携わる組織の数は数千に及ぶであろう。その数だけ、支援の幅が広がり、事業効果を上げられる可能性がある。これだけの体制を整えているのは、筆者の知る限り先進国の中ではおそらく日本だけであり、開発協力の総合力は、世界的に見ても高い水準にある。

一方、開発協力における関係機関が多く存在するということは、その調整や段取りに時間および費用がかかることでもある。特に関係省庁との協働には、「官」特有の論理に配慮した行動が必要となる。筆者の経験を紹介しながら、その一端に触れてみたい。

†「サイロ」化の事例

貯蔵庫としての「サイロ」は、穀物の腐敗を防ぐため気密性にすぐれる。これをもじって、組織間の風通しが悪く、全体の運営が非効率な様子を「サイロ」化と言う。情報通信業界では、企業内の各部門が個別システムを構築することで、他部門のシステムとの連携が図れなくなる状況を指す。要は全体最適が実現できない状況である。

中央省庁で見られる傾向は、組織の面子や主導権を巡る駆け引きである。所轄官庁が政策と実施を担当する場合、類似の業務を所管する他機関との競争にもなる。開発協力の分野にも「サイロ」化の罠が潜んでいる。

過去30年間に及ぶ開発協力の仕事において、この「サイロ」化が及ぼす影響を現場で体験してきた。その多くは組織間の意思疎通や情報共有の不足が原因である。いくつかの事例を挙げてみる。

まずは、類似調査の重複である。ある途上国で産業開発に関する調査を開始したところ、他の所轄官庁がほぼ同じ内容で別の調査会社に業務を発注していた。それに気づいたのは、途上国の担当部局が「なぜ同じ調査を実施するのか？」と筆者に文句を言ってきたからである。日本側で事前の調整は行われていなかった。

結局、その官庁が雇用した調査会社と打ち合わせをし、内容が重なる部分はこちらの調査団が入手する情報を使うことや調査項目に変更を加えることで作業の重複はある程度回避できた。このような事態を避けるには、年度当初に調査計画の情報を関係機関で共有し、前広に内容の調整を行えばよいだけのことである。しかし、各組織とも自分の予算や面子があるため、あえて相互にやりとりをする動機に欠ける。また、それを調整する体制がそもそも構築されていない。

次に、領域死守の姿勢である。ずいぶん以前の話になるが、日本が外国人留学生を増やす計画を立てた際、円借款で奨学金を提供する事業を形成したことがあった。所轄官庁へ報告しに行った際、歓迎されるかと思いきや、「そのような支援はやめてほしい」と言われて驚いたことがある。政府の目標に貢献できると説明したところ、その役所が実施している事業を「邪魔しないでほしい」との回答であった。

話が進むに従い、先方の意図を理解したので、「領域侵犯」でなく、あくまで既存事業とは別の追加的な支援であることを力説し、何度かの協議を経て、後日ようやく了解をとることができた。本来は、政府の目標を達成するために、関係機関の協力が求められてしかるべきである。これも当初から組織間の調整や意思疎通が円滑に進めば、互いの警戒感が薄れ、より円滑に事業が進められた例である。

さらに、責任逃れの文化である。開発協力の現場で何か問題が生ずると、それまで主導的な立場にいた所轄官庁の担当者が急に後ろに引っ込んでしまうことがある。日本が支援する南アジアの大型公共事業で、設備調達の入札があり、日本企業の受注が有望視されていた。このため、事前の営業や入札条件の説明に所轄官庁の担当者が同行し、日本企業の売り込みに余念がなかった。しかし、入札が実施されると、当該企業の価格札が高く、途上国側の判断で業者選定は不調に終わった。日本の政府中枢にその報告がされたところ、なぜかその責任は当方にあるとの話になっていた。

要は、入札不調の責任について、早々と他機関に押しつける方法がとられたのである。当方が知らないうちに、価格札の問題は、予定価格の根拠となる事前の積算価格が適切でなかったためとの指摘がなされていた。費用積算を担当したのは設計業者であるが、その発注者は確かに当方である。ただし、日本企業の入札価格がわかるまで、積算内容に関する指摘は一切なかった。改めて積算の詳細を確認したところ、不備は見当たらなかったので、その旨を政府中枢に説明し、無事納得してもらった。それ以後、当該官庁の担当者は現地に姿を見せなくなり、再入札の手続きに関する「事後処理」は当方が行った。

このような話は、開発協力の分野に限ったものではない。また、以前に比べると、組織間の意思疎通や情報共有は、相当改善されたとの実感がある。これは、日本の政策の中で、開発協力の重要性が高まっていることや安倍政権時の官邸主導体制により、関係機関の情報共有や意思疎通が進んだことが影響している。この「サイロ」化の罠を回避するには、不断の努力が必要であるが、それらの手立てについては、第4節で述べることにする。

さて、開発協力の分野で、世界でも高水準の総合力を備える日本の課題は、いかに実行力を発揮するかである。次節では、実行力の源泉とも言える組織間連携について、具体的な事例を紹介したい。

2　組織間連携の強み

†機動力にすぐれる緊急援助隊

地震や洪水などの自然災害が生じた際に、現地で被災者の救援活動を行うのが緊急援助隊である。最近では、2023年2月に発生したトルコ・シリア大地震の現場にも駆けつけた（写真5－1）。緊急援助隊は、複数の組織で編成され、現場でそれぞれの専門性と持ち味が発揮される。救援活動には迅速性と正確性が求められるため、普段から合同訓練を実施して、救援技術の向上と組織間連携の強化を図っている。

緊急援助隊には、救助、医療、感染症対策、専門家、自衛隊部隊の5チームがあり、被災状況によって個別あるいは複数のチームでの派遣が決定される。救助チームは、警察庁、消防庁、海上保安庁、外務省、ＪＩＣＡで編成され、通常は70名程度の人数で行動する。医療や感染症対策のチームは、事前に登録された医師、看護師、薬剤師が中心となり、現地で診療所を開設し、応急医療活動を実施する。人数は、現地の事情に応じて20名から70名程度の規模となる。加えて、災害対策に知見のある専門家が、国土交通省等の省庁から派遣され、復興計画作りの助言等を行っている。

写真5-1　トルコ・シリア大地震での緊急援助隊の活動（写真：JICA）

途上国で災害が起こった際、日本が自らの判断で緊急援助隊を派遣できるわけではない。外交手続き上、相手国からの正式要請が必要となる。この要請を踏まえ、「国際緊急援助隊の派遣に関する法律」に基づき、派遣が決定される。なお、多くの国は日本からの支援を望むが、自律的な対応を基本とするインドのような国は、協力の申し出を行っても要請には至らないのが常である。なお、そのような姿勢にもかかわらず、インド政府は、東日本大震災のときに創設されたばかりの救助隊員46名を宮城県に派遣した。

筆者は、2015年4月に発生したネパール地震の際、緊急援助隊の一員として参加したので、その経験を紹介する。まず、地震があった当日夜半にJICA緊急援助隊事務局から電話があり、同国を管轄する南アジア部からの職員派遣を打診された。当時、筆者は同部の次長職にあり、早速、緊急連絡網でネパール担当課に打診を行った。しかし、職員の都合がつかなかったため、自身が参加することを決めた。翌日早朝に出勤し、そのまま他の参加者と成田空港に向かった。

空港では、警察庁、消防庁、海上保安庁から職員が続々集まっていた。普段の訓練ですでに顔なじみのようで、緊張感の中にも互いに和やかに挨拶を交わす様子が印象に残っている。空港で健康診断が行われ、隊員のユニフォームに着替えて結団式に臨んだ。飛行機搭乗前には各組織を代表する幹部の会議が行われ、役割分担や行動スケジュールが確認された。すべてが効率よく行われ、初参加であった自分はその規律ある行動に身が引き締まる思いであった。

ネパール到着後、救助隊の割り振りを調整する国連機関や地元政府の指示で活動地域が決められ、まずはカトマンズ市内の王宮で捜索救助活動を開始した。隊員の面々には無駄な作業がなく、常にきびきびした行動には素直に感動することしきりであった。特に上下の意思疎通や作業分担が迅速かつ的確であり、統率のとれた活動はすばらしかった。日本の緊急援助隊は、その見事な作業ぶりから、ときに「世界最強の援助隊」と称されることがある。実際に、現地で他国の救助隊の行動を知るにあたり、その評価は適切であると納得した。

†試行錯誤の現場

門外漢の立場であるからこそ、できた行動もあった。その1つが現地の武装警察との接触である。各国救助隊の活動地は、国連機関や現地政府の指示に基づく。他方、救援活動を実際に行っている武装警察と活動地で話をすると、独自の情報源に基づき行動している様子がうかがわれた。このため、武装警察の幹部に依頼し、本部の作戦室を訪問して協議の場を持つことにした。

案の定、作戦室には全国から地震被害の情報が集まっており、救助活動の現状や緊要度の高い地域が把握されていた。先方の説明によると、その情報に基づいて、作業部隊の割り振りを決めているとのことだった。活動の課題も含め、結果的に双方間で実のある情報交換ができた。

緊急援助隊のプロトコール（国際的に確立された行動ルール）として、現地での混乱を避けるため、情報窓口は国連が中心となっている。その観点で、作戦室への訪問は援助隊幹部には想定外だったかもしれないが、情報収集には有意義であった。多くの救援隊が活動する中で、全体の統率は不可欠であるが、独自の裁量が人命救助に役立つ場合がある。また、不慣れな環境での活動になるので、具体的な作業方法については、試行錯誤が当然伴う。

幹部の間でも、隊員の安全確保を最重視する立場と危険を伴っても救助活動に専念する立場で意見が分かれる場合があった。毎回緊迫感のある協議が続くが、最良の策を求める姿勢は共通しており、意見交換を通じて、結果的にチーム内の結束が強くなることを実感した。緊急援助隊の強みは、異なる専門家集団による力の結束と断言できる。

温暖化の影響もあり、最近は途上国の自然災害が増えている。そのため、緊急援助隊の出動回数は平均すると約3か月に一度の頻度となっている。未曾有の被害をもたらしたトルコ・シリア大地震への派遣では、零下の気温の中、現地に宿舎がないため、バスに寝泊まりしながらの活動となった。そのような状況で、救助に汗を流す姿には、現地から賞賛や感謝の声が毎回挙がる。緊急援助隊のすぐれた実行力は、厳しい訓練と組織間連携の所産と言えよう。

†科学技術外交の実践

ノーベル賞の受賞歴に象徴されるように、日本の科学技術の水準は高い。国際的に一目置かれるこの科学技術力を途上国開発に生かす仕組みが「地球規模課題対応国際科学技術協力（SATREPS）」である。これは、外務省と文科省の管轄下で、日本と途上国の学術機関の共同研究を推進するものである。いわゆる「科学技術外交」の実践であり、SATREPSは途上国を相手にする代表的な取組みに位置づけられている。

名称にある通り、SATREPSは、地球規模で問題となっている分野を対象とする。具体的には、温暖化、脱炭素、生物資源、防災、感染症等である。大学を中心とする学術機関が途上国の大学と研究を行い、新たな知見や技術の獲得を通じて課題解決に貢献することが目的である。共同研究を行うことで、途上国側の研究者の育成や能力向上を図ることも意図されている。

開発協力と科学技術の融合を可能にするのは、組織間連携の仕組みであり、実施に当たっては、JICAと科学技術振興機構および日本医療研究開発機構が協働している。具体的には、日本国内の学術機関から応募のあった提案書の審査ならびに採択を共同で行い、活動費用の助成を行う。正式な採択には、途上国側の研究機関も科学技術を所管する同国の官庁と外務省を通じて正式要請を日本に提出する必要がある。

この制度が始まった2008年度から2022年度までの採択実績を分野別に見ると、環境（温暖化や脱炭素を含む）72件、生物資源44件、防災32件、感染症28件となっており、参画した日本の学術機関の数は50に及ぶ。東京大学のように、1つの機関で計22件の研究が採択されている例もある。対象となった国の数はアジアを中心に53か国に上り、世界の各地域で実績がある。

2022年度に採択された研究提案は、「水汚染耐性のある水供給システムの構築」（長崎大学、ハノイ建設大学）、「材料革新に基づく持続可能なエネルギー・資源・水回収型パームオイル搾油廃水処理システムの開発」（名古屋工業大学、マレーシア工科大学）、「サステイナブル漁業を実現する高付加価値バイオ製品の再生利用」（北海道大学、ラ・セレナ大学）、「革新的技術を活用したマラリア及び顧みられない寄生虫症の制圧と排除に関する研究開発」（国際医療研究センター、ラオス国立パスツール研究所）等、計12件であり、いずれも途上国の実情に即し、社会の課題解決を目指す内容である。

SATREPSの眼目は、研究の質に加えて、社会実装の点にある。すなわち、研究成果を実際に途上国の課題解決に結びつけられたかという観点である。研究活動が終了した時点で実施する事後評価の際には、この社会実装の有無も大事な項目となっている。実際に社会実装につながっている事例をいくつか挙げてみる。

インドネシアで行われた高精度降雨予測の研究（2009年度採択）では、気象や海洋に関する観測解析手法の導入が同国の航空宇宙庁や技術評価応用庁で実際に行われている。研究成果である降雨予測に基づく豪雨情報が国家防災庁で採用され、日々の実務に活用されている。この研究は、日本の海洋研究開発機構が主導し、インドネシアの気象気候地球物理庁等と共同で行われたものである。

ベトナム北部の山間地域に適した稲の品種改良を扱った研究（2010年度採択）では、高収量かつ病虫害抵抗性のある新品種が開発され、正式な品種登録を経て、同国のゲアン省やナムディン省で作付けが始まっている。これは、日本の九州大学とベトナム国立農業大学による共同研究の成果である。

感染症の分野では、モンゴルでの研究が実装されている。モンゴルでは、家畜原虫病への対策が急務となっていたところ、帯広畜産大学と現地の獣医学研究所の共同研究（2013年度採択）により、疫学調査や簡易迅速診断法の開発が行われた。研究期間中に作製された診断キット類や診断のガイドラインが食糧・農牧業・軽工業省の承認を受け、実際の運用に至っている。診断や検査のキット類は製造数が伸びており、国内で普及が進んでいる。

このように、ＳＡＴＲＥＰＳは着実に実績を上げており、日本の独創性が出せる協力手法となっている。他方、研究成果が社会実装まで及んでいるのは、全体の2割程度の状況である。日本でも基礎研究が応用され、社会に役立つ段階まで至るには相応の期間を要する。社会実装の主な阻害要因は個別研究ごとにすでに分析されており、それらを今後の研究活動に生かす仕組み作りが求められている。

†宇宙開発と森林保全

途上国の温暖化対策には、さまざまな事業が行われている。既述のように、分類として、温室効果ガスを削減する「緩和」策と自然災害を軽減する「適応」策があり、前者は、再生可能エネルギーの導入や廃棄物のリサイクル等を内容とし、後者には、洪水防御や渇水対策等が含まれる。二酸化炭素吸収に寄与する森林保全は「緩和」策に入る。森林保全の分野で途上国が直面する大きな課題は違法伐採の防止であり、その目的のために衛星情報を活用する取組みが拡大している。

宇宙開発の先端を担う日本の宇宙航空研究開発機構（ＪＡＸＡ）は、途上国支援に積極的に参画している。同機構が２０１４年に打ち上げた「だいち2号」は、天候や雨天に影響されず地上観測が可能な人工衛星である。現在、この衛星情報を使って、世界約80か国の森林状況が観測され、その情報が一般公開されている。これは、ＪＩＣＡとＪＡＸＡの協力による熱帯林早期警戒システム（ＪＪ－ＦＡＳＴ）と呼ばれる事業で、途上国はその情報を自国の森林保全や違法伐採防止に活用できる。

この取組みの前段階として、ＪＩＣＡは、２００9年から２０１2年にかけてブラジルで違法伐採防止の事業を実施した。ブラジルは、世界最大の熱帯林アマゾン地域を擁し、国内の熱帯雨林面積は世界の約3割を占める。他方、１９９０年代には、違法伐採による森林減少が著しく、毎年北海道の面積に相当する広さが失われていた。ブラジル政府は、違法伐採防止を図るべく、効果的な監視方法の導入を目指し、日本に支援要請を行った。

広大なアマゾンにおける違法伐採探知には、衛星画像による分析が有効であり、ＪＩＣＡは、陸域観測技術衛星「だいち1号」を打ち上げていたＪＡＸＡに協力要請を行った。「だいち1号」の観測技術を使った事業効果は顕著であった。森林状況の変化を感知するシステム構築を通じて、事業期間中に２０００件以上の違法伐採を検出し、新たな防止活動を通じて森林面積の減少を例年より約４割抑えることに成功した。

この実績に基づいて実現したのが前出の「だいち2号」による衛星情報の公開である。この事業では、各地の森林状況が45日おきに観測され、その解析結果が一般に提供される。

パソコンやスマートフォンがあれば、世界中どこからでも自由にこのシステムにアクセスすることができ、森林減少の抑制を図りたい途上国にとっては貴重な情報源となっている。

ブラジルでは、森林伐採監理強化の取組みが継続されている。同政府は、2030年までにアマゾン地域の違法伐採をゼロにする目標を立て、連邦政府から市町村に至るまで、違法伐採防止に関する活動強化を推進中である。その目標達成の鍵を握るのが「だいち2号」の観測情報であり、2021年から2026年までを事業期間とする事業が開始されている。監視体制の能力強化や取り締まり技術の向上が主な支援内容である。

同事業には、日本の産業技術総合研究所（AIST）も参画し、衛星情報の診断に加え、人工知能（AI）を使った森林減少予測を行い、途上国にその情報を提供している。JAXAやAISTとの協働は、日本の先端技術を駆使した開発協力を可能とし、気候変動分野において、途上国に具体的な成果をもたらしている。

余談であるが、筆者が1990年代にベトナムを担当していた頃、現地に詳細な地形図がなく、政府の役人にその理由を聞いてみたことがある。その役人は哀しそうな表情を浮かべながら、「地図が作れないのだよ。なぜかと言えば、衛星データがないから」とつぶやいた。当時、衛星を打ち上げていた近隣国から、高額な費用を払って上空写真を購入していた。その役人曰く、「だから、自前の衛星を打ち上げたいのだ」。

あれから約25年の歳月が経ち、2022年にベトナムの衛星開発に日本から協力が行われることになった。円借款の供与により、地球観測衛星の開発や打ち上げ施設を整備する内容である。この協力には、日本の合成開口レーダー（人工衛星に搭載し、移動させることで大型のアンテナの機能を発揮するレーダー）等の先端技術が活用されることになっている。事業には日本から複数の専門組織が参画予定であり、組織間連携を通じた日本の支援によって、ベトナムに独自の衛星技術が育まれようとしている。

3　人と人、心と心

†現地に根づく協力

善意に基づいて支援を行っても、周りから評価されるとは限らない。開発協力の世界でも日本は厳しい批判にさらされたことがある。1990年に起こった湾岸戦争の際に多額の資金協力をした日本は、アメリカを含む西側諸国から「小切手外交」「血と汗のない貢献」と揶揄（やゆ）された。

これを受けて、1992年に国際平和協力法が成立し、国連の平和維持活動（PKO）

写真5－2　ブータンでの協力隊事業（写真：JICA ブータン事務所　クリシュナ　スバ）

に文民や自衛隊の派遣が行われるようになった。紛争地に近い場所で日本人が直接活動する状況になったのである。２０２２年末時点で自衛官を派遣している南スーダンを入れると、今までで計13の国際平和維持活動に自衛隊や警察が参加している。

この現地派遣により、日本の評判は確実に上がった。他国の派遣要員からの賞賛や道路整備に携わる自衛隊員への住民からの感謝表明により、国内外で一定の評価がなされている。２０２１年に日本の内閣府が国内で実施した「外交に関する世論調査」によれば、回答者の8割以上が平和維持活動への参加に賛同している。

同様の観点で、日本人が地元に張り付いて相手国機関や住民と一緒に活動する場合、現地からの評判が一般に高い傾向にある。日本の専門家が従事する技術協力や村落開発等に従事する協力隊事業がその代表事例である（写真5－2）。現地に溶け込むことで、同僚や住民から「家族のようだ」と言われる関係が築かれる。この人と人との交流を通じた協力が単なる事業効果以上の価値を生む。

第4章で触れたインドの養蚕事業も現地の評価が非常に高かった。南インドは、アジア最大の繭市場を擁するアンドラ・プラデーシュ州を中心に、女性がまとう「サリー」など、絹織物の一大生産地である。ただし、ひと昔前まで、質の良い生糸の大部分は中国からの輸入に頼り、近代的な養蚕方法の確立が必要になっていた。

これに対し、日本は、(1)優良蚕種の大量製造に関する方法の伝授、(2)養蚕技術の農家への普及、(3)繭市場での品質評価基準の導入の技術協力を行い、インド行政官の育成や繰糸機の設備改良を支援した。この結果、3700に及ぶ農家に生産性の高い二化性養蚕技術(蚕のふ化が1年に2回のもの)が普及し、習得した農家では従来の数倍以上の収入向上が実現した。日本で研修を受けたインドシルク協会の人々は、今でも薫陶を受けた日本の教授陣の名前を忘れず、当時の困難や成果を楽しそうに話してくれる。その様子から、日本へ深い愛着を持っている様子が伝わってくる。

協力隊員は、この事業を継続するかたちで、養蚕技術の農家への普及に従事している。農家を一軒ずつ回り、繭の育て方や桑の栽培に関する指導を行い、すでに技術を習得した農民を講師にして、説明会を開催する。最近では、農村にも普及しつつあるスマートフォンを使用し、養蚕技術を視覚的に分かりやすく伝える工夫も行っている。筆者のインド駐在当時、隊員の中には1000世帯の農家と関係を構築し、携帯電話を通じて技術移転を行う者もいた。

農村を訪問した際に、協力隊員の評判を農家の方々に聞くと、異口同音に「私たちのために一生懸命だ」「友達なので何でも話せる」「わざわざ日本から来てくれてありがたい」との反応が返ってくる。ときに40度を超える気温の中で、農村を回り、現状把握のために農家に宿泊する協力隊員の面々を政府機関の同僚や住民はよく観察している。その成果を考えれば、協力隊員は現地に派遣された小さな外交官だ。

50年以上の実績があり、派遣累計数計4万人強に及ぶこの協力隊事業に対し、2016年には「アジアのノーベル賞」と評されるマグサイサイ賞がフィリピンの財団から贈られた。今も途上国のさまざまな場所で、住民と汗を流す日本の若者の活動が続いている。

協力隊の活動に限らず、正式な協力事業が完了した後においても、日本との関係が継続し、人と人との交流が続く事業は多い。以下では、2020年に創立60周年を迎えたタイのモンクット王工科大学の事例を取り上げてみる。

†長期にわたる人的交流

モンクット王工科大学は、1960年に創立された国立大学で、工学部や理学部を含む計8学部、教員数約2200人、学生数約2万5000人を擁するタイ有数の工学系大学である。2017年からは、アメリカのカーネギーメロン大学が設置したタイキャンパスを共同で運営している。この取組みは、海外大学の招聘を可能にしたタイ国内法の制定に基づく第1号の事例である。

大学名となったモンクット王は、今のチャクリ王朝の第4代国王ラーマ4世で、イギリスの家庭教師を主人公とする『王様と私』にも登場する。イギリスと通商条約を締結し、王族に外国語や西洋教育を受けさせるなど、開明的な王として知られる。大学が創立されるにあたり、当時のサリット首相は、バンコクの大学には王族の名前をつけるよう指示していた。

同大学への日本の協力は、大学の前身となる電気通信訓練センターの設立から始まる。1959年の事業計画時において、日本の電気通信技術をアジアに広めるという方針の下、当時の電電公社と郵政省が中心となって事業を推し進めた。この頃の日本は、輸出振興を旗印に、アジアを有望な市場ととらえ、製品や設備の販売に力を入れていた。日本の電気通信技術を学ぶタイ人が多いほど、日本製品に対する信用が向上し、市場への浸透度が増えると見なされたのである。当初は、日本の電電公社が運営する「中央学園」のような訓練所が構想され、タイとの交渉を経て、前出の電気通信訓練センターが設立された。

日本側はセンターをタイ電話公社内の敷地に設立する案を提示していたが、タイ側は受入れ困難として、バンコク中心部から約20キロ離れたノンタブリを代替地に選んだ。当時、水田のみで目立った建築物のない場所に設立されたセンターは、看板がなければ何の建築物かわからぬような貧相さだったと言う。授業内容も日本の水準には達しないもので、その危機感が関係者間で醸成され、検討が続いた後に正式な大学への昇格が実現した。

日本からの正式な協力は、1960年から2002年まで実に42年間の長きにわたって行われた。電電公社による技術者7名の派遣に始まり、校舎建設や機材整備を対象とする2度の無償資金協力および5次にわたる技術協力がその内容である。この期間に派遣された長期専門家の数は計79名に及び、現地教員の主な留学先となっていた東海大学からの講師派遣は計113名を数えた。今では、モンクット王工科大学を中心に日本とタイが協力し、第三国に対して研修を実施する三角協力も行っている。

日本からの支援が順風満帆であったわけではない。協力開始前夜、タイ電話公社と日本の電電公社が事業計画について協議した際、当時はアメリカの援助で通信施設の拡張を行っていたため、タイの日本に対する態度は冷たかった。冷戦構造が明らかになりつつあった当時、アメリカは自由主義陣営を拡大すべく、タイにも支援を行っていたのである。その後、何度か協議を続けるうちに、日本の熱意が伝わったこともあり、「日本の支援は不要」とした当初の頑なな姿勢が軟化した経緯がある。

また、「タイ人によるタイ人の人造り」を重視した両政府は、日本の知識や技術を学んだ現地教員の育成を図るべく、卒業生の日本留学を計画した。しかし、国費留学を管轄する日本の文部省と事業を推進する郵政省の間で実施内容をめぐって折り合いがつかず、決着まで時間を要した。また、奨学金が認められた後も日本の受入れ大学が容易に見つからない状況が続いた。

その後、事業構想者の1人だった初代電電公社総裁と当時の東海大学長が旧逓信省で上司と部下の関係だったことが縁となって同大学の引き受けがようやく決定し、留学制度が定着した。留学制度が軌道に乗るうちに日本の大学との交流は広がり、現在14大学と協定が結ばれている。

この東海大学留学組が学位取得後に教員となり、モンクット王工科大学を支えることになる。実際に学長や学部長になる人材が日本留学組から輩出されたのである。

†親日層の形成

モンクット王工科大学から派遣された最初の国費留学生4名のうち、学長まで務めたプラキット氏は大の親日家として知られる。子息も父に倣って、長男は東海大学に学部から院まで所属し、卒業後はJR東日本に就職した。長女はモンクット王工科大学卒業後、同大学院を経て東海大学の博士課程に進んだ。日本に精通する親子3人は、家での会話に日本語を使うなど、日本の良き理解者であり、今でもその縁は深い。

日本で学んだ品質重視、規律尊重、時間厳守、協調性の労働文化も留学組の教授によって、学生に伝えられている。留学中に日本人と結婚し、公私ともども日本と結びつきが深い教員もいる。東海大学は日本人講師の派遣も行っており、共同研究を通じてモンクット王工科大学との絆は確固たるものとなっている。

プラキット氏を含め歴代の学長は、モンクット王工科大学事業の成功について、「自前の教員による大学教育」が大きな要因であったことを強調する。日本の「和魂洋才」に例えて、「泰魂洋才」の精神に基づく人材育成が鍵を握ったとする意見である。協力が長続きしたのも、このようなタイの要望に沿った人造りが実現したことが大きい。その仕掛けの1つが継続的な日本留学であり、また、日本からの講師派遣であった。

東海大学卒業組はタイで最大規模の同窓会を組織しており、互助の取組みが盛んである。資金支援や卒業後の就職斡旋を通じて、日本への留学促進を可能にしている。卒業生の中には、日系企業に就職した者も多く、日本製品の生産や販売にも一役買っている。

また、電話公社の幹部となった卒業生は、通信設備に日本製を導入し、日本製品の市場開拓にも寄与している。実際、1960年代のタイの電気通信設備と言えば、ほとんどが欧米製であったが、1990年代になると大半が日本製に代わっている。

さらに、タイに進出した日系企業もモンクット王工科大学を支援している。主に学生向けの奨学金制度であり、例えば、「日本エレクトロニクス企業奨学金」には、日立、日本電気、東芝、その他企業が参加し、タイ人の技術者教育に寄与している。同じく「建設奨学金」には、日本の建設会社が資金提供している。いずれも、社会貢献の面に加え、優秀な卒業生を採用したいという意向が働いている。進出企業へのアンケートによれば、優秀で実務的なモンクット王工科大学の卒業生は評判が高い。実際に卒業生の就職率は、ほぼ100%となっている。

このように、1つの大学事業が日本人とタイ人の結びつきを強化し、結果的に親日層の形成に寄与している。大きな視野で眺めれば、開発協力の長期にわたる実践が両国の友好関係強化に結びついている光景である。2006年にバンコクに開校した泰日工業大学も同様の事例である。同大学の母体は、元日本留学生が中心となり、1970年代に設立された泰日経済技術振興協会である。同協会は、タイの工業化に必要な産業人材の育成を目的とし、日本の生産技術や経営手法を教える活動を行っていた。

泰日工業大学は、工学部、情報学部、経営学部等を擁し、毎年の卒業生のうち、約4割は日系企業に就職する。教員も日本留学組が多く、その名前の通り、タイと日本の友好を象徴する大学と言える。協定を結んでいる日本の大学は、東北大学やものつくり大学など、すでに30校以上に及ぶ。大学設立については、バンコク日本人商工会議所が当初から支援を行い、奨学金制度が設けられた。ちなみに、母体の泰日経済技術振興協会の会員企業数は3000社を超え、タイ社会での裾野は広い。

日本の協力による大学事業は、他国でもエジプト日本科学技術大学、インド工科大学ハイデラバード校、マレーシア日本国際工科院等があるが、タイのように長い歴史と人的交流の蓄積がある国はまだない。モンクット王工科大学や泰日工業大学の実績は、高等教育事業としての効果に加え、人と人、心と心の触れ合いが両国の友好を促進する信頼の力を示す事例とも言えよう。

日本からの正式な協力が終了した後、モンクット王工科大学は、日本とともにラオス国立大学への支援に加わった。協力される側が立場を変えることで、信頼醸成の輪が他国にも広がる仕組みが構築されている。その意義を考えれば、この信頼の輪を持続的に広げ、かつ維持することが、開発協力の眼目でもあり、外交面の大きな成果と言える。

†血の通う協力

「ナカムラさん知っていますか?」「ヤマダさんは元気ですか?」「サトウさんは一緒に来

ていますか？」、ラオスの山奥やネパールの僻地を訪問した際によく聞かれる質問である。日本の協力で作った水力発電所や国道を視察に行くと、現地で立ち寄った店や近所の住民から日本人の名前が出てくる。中には、当時の思い出を長々と語ってくれる人もいる。「電気が通って生活が楽になった」「道路ができて町の病院に行けるようになった」等の話とともに、現地で働いていた日本人の様子を教えてくれるのである。

人と人が接するところにつながりが生まれ、共感や敬意が芽生える。日本は資金協力を通じて、インフラ整備を行っているが、道路や水道が完成してしまえば、どの国が作った施設かについて、住民はあまり興味を示さない。他方、数年に及ぶ工事の間、日本人が現地に滞在し、近所の店で食事をしたり、資材を買ったりして、地元と交流があれば、その様子を住民はよく記憶している。

最近では、日本の建設企業は、工事の傍ら現地で清掃活動をしたり、学校を作ったり、地元に貢献する活動も行っている。仕事とはいえ、物資に乏しく、医療施設が貧弱な途上国において、数年間工事に専念する苦労は並大抵ではない。それでも、職員の多くは住民のために一肌脱ぐ覚悟で工事に従事している。そして、その途上国での仕事を意気に感じる姿が住民にもしっかり伝わっている。

筆者が駐在していたインドでは、インド人研修生との師弟関係を見事に築いた日本人の先生が存在した。製造業幹部にイノベーション理論を教える技術協力事業において、日本側の中心的な役割を担った大学名誉教授は、見事な教育手法と実践的な理論でインド人を魅了した。特に教授が醸し出す厳粛かつ高貴な雰囲気と高い倫理観がインド人の心を揺さぶった。同教授を「グル（師）」として敬い、心服するインド人企業幹部生の姿に接し、単なる事業効果を越えた人間どうしの貴重な触れ合いを見いだす思いであった。

このような人と人、心と心の触れ合いが協力の価値を高める。実直で丁寧な仕事ぶりや肩書や職種に頓着せず、誰とでも分け隔てなく接する姿勢が日本人の評判につながり、ひいては日本の開発協力に対する評価に寄与している。表には出にくいが、資金量や支援内容の充実度とは異なる次元での心の琴線に触れる要素が、実は日本の「ブランド」になっている。

†日本に対する厳しい視線

他方、最近の日本に対して、耳の痛い意見もある。モンクット王工科大学の事例で、日本への留学組が親日層の拡大に役立っていることを記した。そうした事実があるにもかかわらず、近年、東南アジアの元日本留学生の間では、子息の留学先として欧米を選ぶ傾向が強くなっている。

タイやマレーシアで留学生支援をしていた際、その理由を留学経験者に聞いたことがある。その返答はすこぶる率直であった。「卒業して日本企業に就職しても出世できない」「日本人は我々を差別している」「日本企業の職場では自分の能力が生かされない」等の不満である。

日本に留学した親の世代に聞くと、「昔の日本は良かった。人に勢いがあった。今はつまらない人ばかり」「若い人は目が死んでいる。大学で勉強する日本人は少ない」「子どもを日本に行かせても無駄。切磋琢磨できない」「大変残念だが、日本は変わってしまった。欧米の大学のほうが良い」との意見が大半であった。「日本経済に以前の勢いがないことが原因か」と聞くと、多くの人は「そうではない」と答える。総じて、「人間として魅力を感じる日本人が少なくなった」との反応が多かった。

日本の国力と言った場合、経済力や科学技術の水準の高さが挙げられるが、「魅力的な人間の多さ」については議論されることが少ない。国が豊かとなり、少子化が進む中で、若い世代のありようが以前と異なってきていることについて、外国人は敏感である。「日本の大学生は自分を高める向上心や物事を成し遂げる貪欲さが少ない」「日本人の親は甘すぎる」と言われたこともある。子どもを外国に送り出す親の立場から見れば、留学先としての日本の優先度は決して高くはないと考えざるを得ない。

一方、モンクット王工科大学の事例のように、長い期間にわたって技術協力を継続する支援形態が今では困難になりつつある。開発協力の予算が限られる中で、民間企業のように支援開始早々から出口戦略を検討する体制が強化されている。また、効果が乏しい事業については、中途であっても内容の変更や中止が迫られる。この状況に鑑みれば、一定期間の人的交流が信頼関係の蓄積につながる従来の考え方について、改めて見直す必要性が生じている。

このような状況を踏まえ、相手国に望まれる開発協力を行うには、事業効果に加えて、日本の魅力を高める努力も大切である。「日本に支援してもらいたい」「日本人に来てほしい」と要望を受けるには、日本および日本人が魅力的になる必要がある。かつて、明治維新を成し遂げた日本を手本とし、日本人との交流を望んだ旧植民地の人々が多く存在した。今の日本が目指すべき国なのか、手本になれる人間は多くいるのか、について自己点検をしつつ、国の魅力を高める工夫について真摯に考えるときが来ている。

4 体制構築の課題

†協力手法の公式化

今まで見てきたように、日本の開発協力は、中央官庁、自治体、民間企業、学術機関等、さまざまな組織と連携し、実績を重ねてきた。その総合力と実行力は、国際的に見ても高い水準にあることは間違いない。実際のところ、開発協力の遂行には、能力のすぐれた職員を揃える国際機関であっても、設立趣旨や役割により、得意、不得意がある。

例えば、コロナ禍対策で注目を浴びた世界保健機関（WHO）を含む国連機関は、職員の専門性は高いが、金融支援の制度を有していない。世銀やアジ銀は、融資や出資を通じた金融支援にすぐれるが、企業との関係が薄く、事業効果を高める先端技術の導入に難がある。当然ながら、地方自治体の「小さな開発モデル」を備えているわけでもない。

その観点で、総じて実地能力にすぐれる日本であるが、その弱みは何であろうか。その代表的なものと考えられるのは、開発理論の発信力や国造りに関する普遍的価値の普及力である。開発経済学や地域研究の分野は、現在でも欧米が主流であり、日本の開発協力の実績が学術面で国際的に広く認知されているとは言いがたい。

例外の1つは、1990年代に日本の財務省が世銀に働きかけてまとめた「東アジアの奇跡」である。同報告書は、東南アジア諸国の高成長の要因分析を通じて、政府の適切な介入が功を奏する事実を論じたものである。前述したように、この内容は、市場の力を「崇拝」する新古典派の政策に一石を投じるかたちとなった。

日本は自らの開発体験を通じて、経済発展の各段階で政府の施策が有効に機能することを知っている。明治期の官営工場等、政府主導の殖産興業策を挙げるまでもなく、経済振興に政府が重要な役割を果たすことを認識している。そうした実体験に基づいて、途上国支援が行われ、そして、東南アジアの経済成長が示すように、その成功事例が蓄積されてきた。

多くの途上国は、そもそも市場自体が未発達であり、健全な企業体が少ない状況にある。そのような環境では、新古典派が主張する規制緩和や民営化を進めても、市場自体は機能しにくい。下手なたとえで言えば、相撲取りがいないのに、立派な土俵と試合の規則だけ作るようなものである。興行が成り立つには、立派な相撲取りをまず育成しなければならない。

市場主義一辺倒の危うさを露呈したのが、1990年代後半のアジア通貨危機時の国際機関の対応である。ＩＭＦを中心に、政府の補助金削減、税制改革、為替自由化、国営企業の民営化、規制緩和等、当時「ワシントン・コンセンサス」と呼ばれた一連の勧告が出されたが、それに従ったタイ、インドネシア、韓国で失業者が急増し、企業の多くが経営破綻に陥った。

当時、タイに駐在し、経済復興支援に携わっていたが、国際機関が課した条件により、困窮している国民への打撃が大きかったことを憶えている。日本が行った支援のように、小さな公共事業を多数かつ同時に実施し、短期的に雇用拡大を図るほうがよほど実情に適した対応であると考えていた。当時、ＩＭＦの作成した「処方箋」を調べると、他国の事例で課した条件とほぼ同じ内容であり、国情の違いを反映していない手法であることがわかった。

アジア通貨危機時の混乱により、行き過ぎた市場主義が途上国に害をもたらすことは広く認識された。しかし、実績を上げた日本の取組みは理論化されておらず、国際機関から正当に評価されているとは言えない。一方で、途上国の事務方には日本の取組みに対する評判は良く、複数の機関から感謝の言葉をもらったのは事実である。

例えば、マレーシアの財務省高官は、日本の支援方法が危機対応に非常に有効であったと賞賛していた。ちなみに、同高官は国際機関の「悲劇」も教えてくれた。為替自由化を主張した国際金融機関が当時のマハティール首相の逆鱗に触れ、しばらくマレーシアに出入り禁止になったという話である。

途上国の発展段階に応じて柔軟な協力を行う日本の手法について、学術上の評価を得ることは容易ではない。そもそも、日本の発展自体が「奇跡」と称されることがあり、欧米諸国との比較において、今でも異質論が出る状況である。その「異質な」経験に基づく途上国支援の有効性を公式化する作業は一筋縄ではいかない。

それでも、途上国が高く評価する日本の総合力と実行力を広く国際社会で認知してもらう努力は欠かせない。この観点で、有識者からなるタスクチームを作り、支援の妥当性と有効性を英語の報告書にまとめ、国際会議等の場で広く流布することも一案であろう。

†司令塔は誰か?

日本の実績を示す「公式」を海外に広める活動は外務省やＪＩＣＡが行うべきであるが、開発協力の戦略全般を司る役割は誰が担うのであろうか。日本の開発協力は、従来、外務省、財務省、経済産業省が中心となり、支援方針や個別事業の採択を行ってきた。最近は、インフラシステム輸出が政策として重視されているため、国内の公共事業に知見のある国土交通省も議論に参加している。

各省庁には、所管によって関心事項に違いがある。外交面の成果を重んじる外務省、財政上の規律を強調する財務省、日本企業の貿易促進を重視する経済産業省などである。途上国支援を外交の一部と位置づければ、中心の役割を担うのは外務省であるが、予算管理、国際金融機関との関係、製品輸出、建設工事の受注促進等、その切り口によって開発協力の特性が分かれるため、参画する各省の力点が異なってくる。

安倍政権時代には、官邸の機能が強くなり、インフラ投資支援連絡会議を含む省庁横断的な検討の場を設け、個別事業の採択にも広く関与する体制となった。これにより、全体の調整が積極的に図られ、方針決定が迅速になったのは事実である。一方で、日本企業の参加促進や中国を念頭においた取組みの検討に時間を要し、現場職員が疲弊感を持つ側面もあった。いずれにせよ、この時期に官邸が司令塔の機能を担い、関係省庁を統率していたことは確かである。

途上国支援が「経済協力」と呼ばれていた１９９０年代までに比べ、最近はコロナ禍への対応を含む公的保健、気候変動対策、平和構築等、地球規模問題への協力が増えている。加えて、安全保障の観点で、重要物資の供給、食糧確保、海洋安全にも開発協力の対象が広がりつつある。この状況下、各省庁の所管事項のみの議論では大きな戦略を立てにくくなっている。従来に増して、全体を俯瞰し、目指す方向を明らかにし、協力の推進に必要な戦略と戦術を生み出せる体制が必要になっている。

途上国開発には中長期的な取組みが不可欠である。途上国が掲げる開発目標の達成には相当な時間を要する。外務省を含め、中央省庁の職員は数年で交代するのが通常である。

程度の差はあるが、開発協力の知見、現地事情の詳細、各役所の重要人物との関係がそのまま蓄積される仕組みにはなっていない。そもそも、開発経済学や国際協力を学んだ職員は官庁に少ないのが現状である。

筆者の経験として、途上国の実情や国造りの構想で話が盛り上がるのは、既述の通り、世銀等、国際機関に従事する職員との間である場合が多い。国際機関には、開発を専門とする職員や途上国出身者が多く所属している。貧困問題が自分ごとの話なので、被支援国の立場で真剣な討論ができる。日本の行政官は基本的に優秀であり、開発協力に関心を持つ職員もいるのは事実であるが、短期間で部署が変わるため、長い目で途上国支援を検討する体制になっていない。

開発協力の対象が広くかつ深くなっている状況下、関係省庁を横断的に統括する部門の創設が望まれる。例えば、内閣官房の国家安全保障局に開発協力戦略を主管する専門部署を置くことが考えられる。同局は、国の安全保障に関する外交および防衛の政策立案や総合調整を担う部局である。新安保戦略が採択された今、同局に開発協力の戦略を練る機能を追加するのは一考である。

肝心なのは、知見蓄積と戦略実行を確かなものにするため、専門部署の統括官に5年程度の任期を設けることである。一定の期間を担当することで、途上国からも広く認知され、開発協力の顔となれる。外務省の国際協力局と密接に連携すれば、描いた戦略を実効的なものとする体制が整うことになる。

†インテリジェンス部門との関係構築

日本の新安保戦略には、情報力の活用が記されている。改めて、情報は価値である。特に治安の問題を抱える途上国では、公安当局を含む諜報（インテリジェンス）機関の情報は安全対策にも有効である。また、人治主義の傾向がある国では、政府内の人間関係や力学を知るうえで内部事情に精通する必要がある。機微な情報収集には提供する側との関係構築が必要であり、そのためには枢要な行政機関や重要人物との接触が不可欠と言える。

現地の治安状況は、政府当局の公表情報等に基づき、主に大使館が把握し、進出している日系企業等に情報を提供している。その体制に慣れているため、ＪＩＣＡも含め、政府機関が当該国のインテリジェンス機関に接触し、治安状況の情報収集を直接行う習慣は根づいていない。機微な情報が対象となるため、外国機関が近寄るのを相手国の当局が嫌うことも多い。

一方、国によっては、こちらが求めれば、地域の危険情報を流してくれる場合がある。新たな支援事業を計画する際、日本の調査団や活動団体が安心して作業できるかを確認する必要がある。地元の警察にも話を聞くが、非合法組織の活動状況も含め、機微な情報を有しているのは中央の諜報機関である場合が多い。特に親日国の場合、情報提供の可能性は高まる。実際に接触した当局職員の中には、日本の支援についてよく知っており、快く対象地域の情報を提供してくれた者もいた。

最近では、ミャンマーやアフガニスタンのように、軍部や反政府組織に政権が奪取され、日本人を含む外国人の緊急退避が必要になる事態が生じた。クーデターは隠密に遂行されるが、その計画もどこかで情報が洩れている可能性がある。開発協力に直接関係なくとも、普段からインテリジェンス機関や軍部と交流を図っておくことは、危機管理や協力の円滑な遂行のためにも必要である。

相手国政府の内部事情については、駐在事務所の現地職員から情報がとれることも多い。インド事務所に駐在していた際、長年働いているインド人職員は、政府内の人間関係をよく把握しており、面談相手の特徴や上司との関係について熟知していた。州政府内の事情にもよく通じており、大臣の秘書官につながっているので、その気になれば、いつでも高官等との面談の調整が可能だった。

現地職員に限らず、日本人から派遣される専門家は、先方政府の官庁に勤めており、役所内の人間関係も含め、相応の情報収集ができる。開発協力で派遣されている以上、相手国の信頼を損ねる所作は避ける必要があるが、派遣先で入手できる情報の価値は高い。日本が安全保障の実現に力を入れる以上、派遣人材から情報を集約するような仕組み作りの検討も一考である。

†古くて新しい「失敗の本質」

先の大戦で日本軍が敗れた要因から抽出された「失敗の本質」は、開発協力の分野にも適用できる。戦略のあいまいさ、頑迷な思考法、型への固執、現場軽視等、「失敗の本質」の数々は、日本の組織に共通して根づく特質と言ってもよい。日本の総合力を十分に生かすためには、実施に携わる諸機関の体質改善が求められる。

改めて述べるならば、戦略とは目標達成につながる「勝利」を確かなものにする道筋である。各国への支援方針や個別事業は、その戦略を実行するための手段であり、戦術や作戦に当たる。そもそも、日本が掲げる「勝利」が何かを明確にし、その「勝利」を測る指標をいかに選び、達成する道筋を描くかが戦略と言える。

アメリカの場合、単純化して言えば、「勝利」は自国の同志国を増やすことである。資本主義や民主主義の価値を共有する仲間を多くし、アメリカにとって快適な世界を創ることである。それがアメリカの「明白な運命」になっている。ただし、同志国がアメリカの地位を脅かす存在になることは望まない。かつての日米貿易摩擦での対応のように、同志国であってもときに厳しい態度をとることを厭わないのが特徴である。

中国の「偉大な夢」は、中国式現代化を世界に広め、経済発展を通じた人類運命共同体を実現することである。その過程で中華民族が復興を遂げ、新たな国際秩序の形成が行われる。目標達成を図るべく、「一帯一路」による途上国開発を推し進め、各国の経済成長を後押しする。基本姿勢として、各国の自主を重んじ、主義や体制の押しつけはしない。「勝利」の指標となるのは、中国との経済関係強化や台湾統一への賛同である。

このような「勝利」を摑むため、第4章で記したように、両国の途上国支援の手法には違いがある。人権擁護や民主化活動をする団体を積極的に支援するアメリカに対し、中国の支援は融資を中心としたインフラ開発である。目指す方向は異なっていても、両国の場合、掲げる目標、戦略、成果の指標は基本的に明確と言える。

翻って、日本の場合は、何を「勝利」にするかは、必ずしも明らかとは言えない印象がある。新安保戦略には、各国と協力し、自由、民主主義、人権尊重、法の支配といった普遍的価値の維持・擁護を通じ、自由で開かれた国際秩序を強化すると謳っている。そのために、開発協力の戦略的活用を含む諸政策を推進すると記している。

これに基づけば、アメリカとの同盟関係を前提とする文脈から、「価値外交」の色合いを打ち出しているが、他方で、相手国の主権を重んじる国際協調の姿勢は一貫している。途上国の立場を尊重する良心的な態度を保っているため、民主主義を含む価値観の浸透を第一義とするには切れ味に欠ける面がある。

実際のところ、日本は、途上国の経済成長や環境対策に役立つ事業を多く支援しているが、ベトナムやラオスを含む一党体制の国にも長年協力を継続しており、政治体制の変革を必ずしも「勝利」の指標にはしていない。他方、途上国が掲げる開発目標への貢献には重きを置いており、相手国のＳＤＧｓ達成や「人間の安全保障」の実現が日本の掲げる「勝利」の指標であるという見方もできる。自由で開かれた国際秩序の実現を「勝利」とする場合でも、現実的には、人道や平和などの国際公益の達成と自国の安全保障の確保をどう両立するかが開発協力の課題と言えよう。

†「失敗」を避ける工夫

「勝利」の戦略が明確になったとして、それを有効に実行するためには、「失敗の本質」を克服する努力が必要となる。すなわち、種々の戦術的な枠組みを実効的なものとするには、柔軟な思考、型にはまらない実践手法、現場の自主性を尊重する姿勢が必要となる。

例えば、柔軟な思考には、従来の技術や知識を前提とする「練磨と改善」の文化が支障となる場合がある。すなわち、既存の枠組みを超えた他国の手法に対して、「練磨と改善」では容易に太刀打ちできない事態が生じる。卑近な例として、2015年のネパール地震の際、すでにドローンを飛ばして災害地の被害状況を確認し、救援方法を決めていた支援国があった。緊急援助隊が訓練を重ね、探索や救助方法に抜群の技術を誇っても、被害情報の正確な把握ができなければ、成果は限定的となる。

また、組織の成功体験に固執するだけでは、変化する環境に適応できない場合がある。型の伝承を重視する組織の特質が権威や盲信に支配され、新たな発想や活動方法を許さない場合がある。例えば、技術協力の現場で、日本の経験や制度にこだわるがゆえに、相手国の実情に合わず、支援が滞ることがある。途上国では、先進国で通用する高機能や高性能がうまく活用されるとは限らない。事情によって、現地で活用している知恵や手法も取り入れる姿勢が必要となる。第2章で述べた「生物学の原理」に基づく対応である。戦略は、過去に通用した「成功の型」をそのまま適用することではない。

さらに、現場の実情や緊張感が本部にも伝わる体制を構築し、生きた情報を活用する姿勢も重要である。実際のところ、途上国から遠く離れた場所で、現場感覚を常に共有することは難しい。第3章で記した第二メコン橋事業のように、現場の声を何度届けても軽視される事態は頻繁に起こる。東京に事情が伝わらず、現場の職員が悔しい思いをすることは多々ある。関係機関の縄張り意識や派閥主義が現場の貴重な提案を無視することで、「勝利」までの距離が遠のくこともありうる。開発協力の場合、途上国の実情に沿った判断を心がけ、現場の意見を重視する姿勢が不可欠である。

「失敗の本質」が国の体質と考えた場合、日本は新しい価値の提案や大きな構想を打ち出すことが不得手とも言える。各省庁が自分の所掌にこだわり、横断的な方針や判断に容易に及ばない現実があることは否定できない。役割が分散するので、「勝利」の指標も統一性に欠けることになる。このため、総論的で一般的な目標設定になる傾向は否めない。

開発協力に関わる関係省庁や政府機関には、国全体の「勝利」を見据え、緊張感や危機感を維持し、「失敗の本質」を克服する努力が望まれる。日本の関係機関が持つ能力はすこぶる高いが、それを結集して総合力と実行力を遺憾なく発揮する体制構築が必要になっている。それを可能にするためには、開発協力を国の安全保障政策に明確に位置づけ、省庁を横断的に統括する司令塔の設置が求められるのである。

第６章
戦略的実践主義

カンボジアで行われたウクライナ非常事態庁への地雷撤去訓練（写真：JICA）

1　黄昏期からの覚醒

†国力あってこその途上国支援

日本は1991年から10年間、世界最大の援助国であった。この時期、冷戦終結を背景に、経済大国にふさわしい役割が内外から求められ、積極的な国際貢献が重視された。「我が国がその国力にふさわしい積極的な貢献をすることは、経済大国となった我が国の歴史的使命」（1988年の外務省公表資料）というのが政府の認識であった。

これに従い、日本の援助理念を示す「政府開発援助大綱」が1992年に初めて策定された。そこでは、民主化支援の強化や国際公益である地球規模問題への取組みが謳われている。大綱の理念に従い、それまでの経済発展重視の支援から、国際的な開発規範である民主化、法制度、教育の拡充、貧困削減、女性の地位向上等への協力が本格化した。

同じ時期に国際平和協力の拡充も進んだ。すでに記したように、湾岸戦争への取組みを「小切手外交」とする欧米の批判に応じ、自衛隊の海外派遣を可能にする法的枠組みが作られた。これにより、軍事介入はしないものの、国際社会の平和を維持するための人的貢献として、国連のＰＫＯ活動への参加が進んだ。また、国造りの観点から、紛争終結後の復興計画を支援する「平和構築」活動も並行して開始されている。

国際的な潮流であった「ワシントン・コンセンサス」に対して、日本が一石を投じたのもこの頃である。小さな政府、規制緩和、民営化を強調する世銀の「市場経済原理主義」に海外経済協力基金（当時、現ＪＩＣＡ）が論戦を挑んだ。市場原理の急速な導入は、途上国の実態に沿わない方法であることを書簡により指摘したのである。同書簡は、日本や東南アジアの開発経験を踏まえ、経済成長を促す産業育成や政策金融の必要性を論じ、当時の世銀を動揺させた。「キングコング対ゴジラ」と評されたこの議論が契機となり、世銀は「東アジアの奇跡」の執筆に至る。

当時、市場原理を重視する世銀の構造調整型融資は、途上国の開発に目立った成果を上げていたとは言えず、批判する有識者が存在した。日本の主張に同調した中には、ノーベル経済学賞を受賞したスティグリッツ等も含まれる。その後、世銀総裁となったウォルフェンソンは「ワシントン・コンセンサスは死んだ」と述べ、後任のゼーリックは「ドグマ（教義）から実証への移行」を公言した。日本の主張が結果的に開発協力の国際的な潮流を変容させたのである。

このように、１９９０年代には、日本の支援規模が飛躍的に伸び、活動分野が広がり、国際的な影響力が高まった。経済力を背景に世界最大の援助国となった日本は、自国の利益に固執せず、国際公益を重視する姿勢を鮮明にして支援を遂行した。産官学のさまざまな組織の連携により、支援の総合力や実行力が培われたのもこの時期に当たる。

その意味で、1990年代は開発協力の成熟期とも言えるが、世紀の変わり目を迎える頃から、少しずつ状況が変わり、やがて斜陽の段階へと移っていく。その大きな要因となったのは、経済力自体の低下と内向き傾向の顕在化である。そうした状態は現在まで続いている。

†予算縮小と国益論

当時、日本の協力拡大と裏腹に、欧米諸国の途上国支援は停滞期に入り、1990年代後半には「援助疲れ」と形容される状況に陥った。主な原因は、各国の財政悪化、支援効果の低さ、国民の支持低下である。成熟期の日本に比べ、開発協力に対する主要先進国の熱意と活力が低下する傾向が顕著となった。しかし、間もなく日本にも同じような事態が訪れた。

まずは、経済成長の鈍化である。1980年代後半のバブル崩壊による後遺症で、経済の長期停滞が続いていた。企業の業績悪化が政府の税収減少と財政赤字につながり、開発協力の予算が削減された。1998年に始まった削減はその後も継続され、現在の予算額は最大規模であった1997年当時（約1兆2000億円、一般会計予算）の約半分程度（約5700億円、同）となっている。

次に、不況下にある日本企業からの切実な要望である。苦境にあえぐ経済界からは、「開発協力は日本企業の受注に結びつかない」として批判の声が上がった。実際に、円借款事業で国際競争入札を一般化したため、日本企業の受注率は1980年代後半の約7割から2000年には約3割まで下がっていた。この声を受け、政府の中には、開発協力を展開するうえで国益を重視する意見が強まった。税金を使うからには、日本のためにもなる支援が必要だとする考えである。

さらに、国民の視線に厳しさが増した。景気が悪いのにもかかわらず、途上国支援を続ける政府の姿勢に疑問が投げかけられた。内閣府が毎年実施している「外交に関する世論調査」において、開発協力を「積極的に進めるべきだ」との意見は1991年の41・4％から2006年には23・1％に減少した。一方で、「なるべく少なくすべきだ」「やめるべきだ」とする意見の合計は、9・3％から25・3％に増加した。この結果は、開発協力の意義や効果が国内で十分に伝達されていないことの証左でもあった。

以上の状況に基づき、純粋な国益追求を是とする潮流が出来上がった。実際に2003

年の援助大綱改定時には、「開発協力が日本にもさまざまな利益をもたらす」ことが記され、2015年に名称を変えた「開発協力大綱」では、開発協力が「国益」確保の実現に貢献すると明言している（2023年の改定版も同様の見込み）。最初の援助大綱が日本の理念を広く国際社会に発表する性格が強かったのに対し、2000年代に入ると、国内向けに協力の必要性を説明する要素が濃くなったと言える。

具体的な取組みにおいても、日本企業の参画を増やす目的で、円借款に本邦技術活用条件が導入された。これは、融資の金利条件等を緩やかにする代わりに、本邦企業の受注を有利にする制度である。既述のように本邦企業の海外展開を促す方針は、後の「インフラシステム輸出の推進」にもつながる。

以前であれば、途上国支援に日本企業の受注を促す方針は、「援助の商業主義化」として国内外から批判を浴びたが、そのような事態にはならなかった。経済停滞が続く日本に対して、欧米諸国の視線は緩く、賃金水準が上がらない国民も日本企業優遇に対して反論する動機が乏しかった。

そもそも、開発協力を自国の利益を促進する手段と位置づける欧米の国は多い。欧米からの注文がなかったのは、日本が経済面で大きな脅威ではなくなり、「援助の商業主義化」に目くじらを立てる必要がなくなったとの見方もできる。要は、日本の開発協力のあり方について、国内外からの関心が低下したのである。

†質重視の時代

一方、第4章で述べた「開発協力市場」において、新興国の存在感が増している事実がある。「速く、安く、目立つかたちで」支援をする中国を筆頭に、途上国は新興国を支援提供側として好む傾向が強くなった。権威主義体制を問題視する先進国よりも、国の主義や制度にこだわらない新興国のほうが安易に接しやすいのは事実である。支援効果の低さや「債務の罠」の観点で、最近は中国も支援規模を抑えつつあるが、開発協力の資金量で日本が新興国に対抗するのは難しい状況になっている。

また、本邦企業の経営体力、労働の質、科学技術力等の点で、日本の国力低下を指摘する声は多く、国全体が内向き指向にあるとの見方が強い。総じて言えば、国、会社、人に活気がなく、他国にまで気を遣う余裕がないとの指摘である。これについて、複数国で事業を展開するインド企業の役員等と話をすると、「日本に元気がない」とか、「日本企業は保守的過ぎる」などの声をよく聞く。開発協力の世界でも同様の雰囲気が漂っていることは間違いない。

他方、このような環境の変化があっても、開発協力に従事する人々は、相変わらず実直かつ丁寧に仕事をこなしている。支援規模は減っても、眼前には途上国のさまざまな問題が山積みとなっている。日本人の姿勢は一貫しており、途上国の人々と丁寧に協議を重ね、一つ一つ合意を図りながら、事業を着実に進めることに注力している。相手を尊重し、実践を重んじる姿勢が相手国から好まれている。目的達成のために黙々と働く姿勢が日本の持ち味であることは今も変わりがない。

現在の国際情勢に対応し、途上国の期待と要請に応えるには、狭い範囲の国益指向や内向きの雰囲気に甘んじることなく、より積極的に協力を推進する姿勢が求められる。国際開発規範を遂行する取組みを強化し、並行して日本の安全保障を確保する能動的な行動が必要である。新安保戦略で謳われているように、改めて開発協力の戦略性を高め、有効な手法を実行する時期が到来している。日本が置かれた状況に鑑みれば、まさに、開発協力の「覚醒の時」である。開発協力の戦略的な活用を図るため、今は自己の能力や立場を改めて点検し、身の丈に合った協力について検討することが必要になっている。

†「身の丈協力」の検討

開発協力において、日本の総合力と実行力がすぐれていることを本書で記した。ただし、国際社会における日本の立ち位置や途上国の要望を考慮した場合、今の方法や程度で十分か否かは常に点検する必要がある。途上国支援の規模や実践は、国力が前提であり、財源や人的資源に大きく依拠している。すなわち、日本が遂行すべき「身の丈協力」を考えるには、自国の力や役割を改めて見極めることが肝要である。それについて、今まで本書で述べてきたことを以下に要約してみる。

第一に、日本は、OECDやパリクラブの正式メンバーとして、国際標準型の支援を長年展開してきた。開発協力の実績を見ると、先進国の中で上位に位置し、支援規模は減少したものの、途上国支援においていまだ大きな役割を担っている。国内景気を反映し、開発協力予算はすぐには増加しない見込みであるが、他方で、途上国の開発需要は大きく、日本の役割に期待する国は多い。

第二に、支援手段は豊富であり、さまざまな分野への協力が可能である。また、他の先進国に比べると、有償資金協力の比率が高いことが特色である。このため、公共インフラ事業への協力が規模的に目立っている。これらの支援手段を使って、従来、事業効果を重視する姿勢に基づき、貿易・投資・雇用の経済循環型、建設・運営・人材育成の開発セット型、官・民・学が協力する三位一体型等の支援を展開してきた。その中には、日本自らの経験や手法に基づく、法制度整備、母子保健、災害対策等の事業が含まれる。

第三に、近年は、実利重視の「経済協力」から国際開発指向の協力に重点を移し、コロナ禍対応、気候変動問題、平和構築等、地球規模課題への取組みが増えている。活動範囲が広がるに従って、国内の機関や団体と連携し、総合的な支援を行える体制が構築されている。一方、世界の「開発協力市場」では、中国やインドを代表格とする新興国が台頭しており、同市場を巡って競合関係になりつつある。

第四に、アメリカと中国の対立やロシアのウクライナ侵攻により、日本の安全保障にも貢献する開発協力の需要が高まっている。具体的には、重要物資の供給網強化、海洋航行の安全確保、温暖化対策等に対する協力である。この観点で、戦略性の強化と能動的な行動が求められている。ただし、紛争に直接介入する軍事支援は認められていない。

第五に、日本の持ち味は、途上国出身の過去を生かし、欧米諸国とは一線を画した「お互いさま」の精神に基づく協力姿勢である。また、「約束したことは必ず守る」実践主義を重視しており、その姿勢が途上国から評価されている。

「身の丈協力」とは、自国の理念や政策に基づき、能力に見合った取組みを行うことである。欧米諸国や中国とむやみに張り合うことや過度に保守的となることは避ける必要がある。すなわち、「不易流行」の言葉の如く、従来の強みは維持し、外部環境に適応しながら臨機応変に手法を変えていく姿勢と言える。

†等身大の貢献

企業には、「身の丈経営」という考え方がある。これは、経営環境や競合相手を見極め、自社の能力を客観的に判断し、事業を展開することを意味する。その特徴として、(1)経営理念に従い、判断軸を明確にする、(2)自社の品質やサービスの強みにこだわりを持つ、(3)外部の環境変化を受容し、柔軟に対応する、(4)顧客や取引先と長期的な視点で関係構築を図る、ことが含まれる。日本で数百年以上続いてきた老舗企業の研究では、「自社の強みや価値観と合わない事業は、利益が大きくても手を出さない」ことも特徴に挙げられる。

これらを参考に考えてみると、まず、日本は民主化や自由貿易等の国際開発規範を重視し、国際標準型の支援を続行する立場を堅持している。国際社会での立ち位置や国力を踏まえれば、途上国支援の主要国として、引き続き重要な役割を担うことができる。国際平和協力も含めると、国際開発全般に関与できる体制が整っている。このため、新「開発協力大綱」の理念に従いつつ、従前の支援規模や主要な取組みは維持されるべきである。また、判断軸を明らかにするため、司令塔機能を強化する体制構築が急務である。

一方で、「開発協力市場」で力を伸ばしている中国等を意識し、支援の「資金量」で勝負するのは得策とは言えない。今後、開発協力予算が大きく伸びないと予想すれば、日本の経験や技術に基づく支援の「質」に重きを置くことが重要である。すなわち、組織間連携を含む日本の強みに磨きをかけ、途上国への貢献度を高める考え方である。

本書で触れた母子保健、法整備、災害対策等が日本に優位性のある分野である。また、融資を供与できる先進国が限られていることから、健全な債務管理を伴う円借款の有効活用が持ち味となる。インドを含む新興国に貸付手法の技術や知識を移転できることも日本の長所と言える。新興国との競争を意識するならば、これらの強みを日本の「ブランド」として、途上国に広く浸透させる努力が不可欠である。

国際環境の変化に伴う安全保障の確保については、重点項目を洗い出したうえで、優先度をつける必要がある。例えば、経済安全保障の分野では、戦略物資の獲得に必要な協力手法の検討が求められる。他方、開発協力と称して、自国の利益を前面に出すと、途上国から嫌われる可能性があるため、そのやり方には留意する必要がある。途上国を顧客や取引先と考えれば、長期的な視点での良好な関係構築が肝要であり、信頼関係の維持は最優先である。

欧米諸国は、自国の利益を国際公益と主張して国際規範化することに慣れている。主張の仕方で国益追求の色を薄くする方策を熟知している。自由貿易を主張した戦前のイギリスや戦後のアメリカは、国際市場で大きな力を誇っていたため、国際公益の推進が自国の利益に直結した。すなわち、自国の産業が優位となるよう、自由貿易の価値を浸透させる必要があった。旧植民地の国々はそのやり方を知っており、普遍的価値と称する考えや規範は、おおむね先進国の都合によるものとわかっている。

このため、安全保障の分野で戦略性のある事業を展開するにしても、途上国の信頼を損なう行動は避ける必要がある。欧米のように、価値観を強く押しつけるような姿勢とは一線を画し、相手に敬意を払いながら、対等の立場を保つことが日本の「作法」である。欧米に歩調を合わせるにしても、自国の品位を損なう行動は慎むことが肝要である。その観点で、戦略性の高い事業は、当面選択的なものとすることが妥当と考えられる。貿易や投資の分野で国際規範作りが必要になる場面でも、実利の配分を念頭に置きつつ、途上国に配慮した姿勢を保つことが良好な関係構築に役立つ。

途上国が日本に信頼を寄せるのは、まさに同じ目線を持って、開発事業に真摯に従事する姿勢であり、かつ配慮の行き届いた所作や行動である。等身大の貢献を実現するには、戦略性と実践性を高めるとともに、途上国の理解や信頼を保つ姿勢が不可欠である。この観点を念頭に置きながら、次節以降では、(1)安全保障への対応、(2)協力の価値を高める工夫、(3)途上国の信頼を獲得する方法、について、それぞれ論じてみたい。

2 安全保障と開発協力

†途上国支援の意味

本書で述べてきたように、日本の安全保障は、中国や北朝鮮の軍事的脅威に対する国防だけに限られるものではない。重要物資を獲得する供給網の維持、食糧確保、温暖化への対応等、総合的観点によって構成される。新安保戦略で述べる「戦略的な開発協力の活用」は、この総合安全保障の文脈で考える必要がある。第3章で記した地域の経済回廊、スエズ運河の拡張、LNG獲得に資するビンツル港開発、脱炭素事業支援は、その具体的な事例と言える。

一方で、途上国支援がどのように日本の安全保障に貢献するかについては、政府内で共通認識に至っているわけではない。ウクライナに対する欧米の軍事支援のように、ロシアの侵攻を止めることがヨーロッパの安全保障に寄与する構図はわかりやすい。ウクライナに多額の支援をする意義は国民にも明らかである。近隣地における紛争への直接介入と自国の安全確保は理解しやすい関係と言える。

２０２３年半ばに改定される新「開発協力大綱」では、従来の大綱と同じく、実施原則として、「日本の支援が軍事的用途および国際紛争助長へ使用されることを回避する」と記される予定である。すなわち、開発協力の枠内では、直接的な軍事支援は認められない。これは多くの日本国民が望んでいる内容でもあろう。

日本の場合、紛争や内戦に対する開発協力の主な対象は、難民の人道支援や停戦後の復興事業である。国内の紛争では、フィリピンのミンダナオ和平のように、地道な協力の積み上げにより、暫定自治政府の設立にまで至った事例もある。イスラム系反政府勢力とフィリピン政府の紛争に介在し続けた日本は、住民の生活向上支援や制度作りへの協力を続け、和平実現を支えてきた。２０２３年当初には、バンサモロ暫定自治政府議会で、日本による長年の貢献を称える決議が採択されている。

安全保障の文脈で、軍事支援が紛争停止に有効な「外科的介入」とすれば、開発協力の各支援は、和平や秩序を下支えする「内科療法」と言える。外科手術は劇的な治癒につながる可能性があるが、患者に大きな負担をかける。「内科療法」は、刺激は緩やかであるが、効果が出るまで時間がかかる。事態が悪化してから行われるのが外科手術であるのに対し、内科療法は病気の予防や病状の悪化防止に役立つ。

この類推に従えば、安全保障を強化するために必要な内科療法をどのような組み合わせで施すかが重要となる。すなわち、すでに開発協力の支援メニューは整っているので、その順番や実施規模がどのように日本の安全保障につながるのかを判断することが肝要となる。

例えば、重要物資の海外生産を民間企業が行う場合には、輸出に必要な運輸網や港湾開発をインフラ協力で実施することが考えられる。当該国の貿易分野における制度整備が必要であれば、専門家派遣による技術協力が適切である。同様に、食糧確保のために現地の生産性向上が必要であれば、農業指導や肥料開発の支援が考えられる。また、次世代自動車用の磁石や液晶に必要なレアアース（希土類）の開発研究が急務であれば、科学技術協力を活用できる。

このように、安全保障において、戦略的に目指すべき「勝利」とそれを測る指標を明らかにすれば、支援メニューの選択もやりやすくなる。改善すべき症状が明らかになれば、内科療法の処方が容易になるのと同じ考え方である。それにより、日本が行う途上国支援の意味と成果がよりはっきりとした輪郭をもつようになる。

†「核心的利益」と戦略性

中国は、２００９年の米中戦略経済対話で、国家の「核心的利益」として、⑴国家主権と領土保全、⑵安全の維持、⑶経済の持続的で安定した発展、の3つを挙げた。⑴の国家主権と領土保全には、台湾領有を含む一つの中国原則や尖閣諸島問題が含まれている。どのような代償を払っても守る必要があるのが「核心的利益」であり、達成の手段としては武力行使も含まれる。政経不分離の体制により、政治問題に経済制裁で対応する方法も中国の常套手段である。2010年、尖閣諸島をめぐる問題で日本と対立した際、レアアースの対日輸出を制限した手法がこれに当たる。

翻って、日本の「核心的利益」とは何だろうか。領土保全を含む国家の存亡に関わる事項は当然として、新安保戦略では、⑴国民の平和と安全、⑵経済成長を通じた繁栄、⑶普遍的価値や国際法に基づく自由で開かれた国際秩序の維持、を掲げている。これらは、他国との相互依存によって繁栄してきた日本の来し方が反映されたものと言える。

海洋国家である日本は、明治維新前夜に開国し、資源や市場を海外に求めて貿易を盛んにし、今の姿に発展してきた。国際環境に適応しながら、政府の施策や企業家の努力を積み重ねて国の競争力を高めてきた。それを可能にしたのは、海洋の安全、貿易の自由、法治主義や国際的な商慣習であった。今で言う普遍的価値であり、その維持が日本の「核心的利益」に当たるのは間違いない。

安倍政権時代に表明した「自由で開かれたインド太平洋（ＦＯＩＰ）」の目的もそれに

重なる。いまだ構想の具体性に議論はあるが、普遍的価値の実現、経済的な繁栄の追求、平和と安定の確保が柱となっている。経済的な繁栄については、特に人、モノ、制度の連結性が強調されており、人の往来、モノ・サービスの輸出入、法律や共通規則の普及を促すことが求められる。

普遍的価値の実現や経済繁栄の追求を最終的な「核心的利益」とした場合、その達成度を測る指標は何であろうか。海洋の安全では、海賊や海運事故の減少、各国の海上保安体制の充実、貿易船の航行数が挙げられよう。物的な連結性では、運輸網の充実度や通関制度の効率化が該当する。制度の連結性では、途上国における商法等の普及や国際規則の遵守状況が含まれる。それらの指標達成に貢献することが開発協力の役割と言える。

近年、日本の開発協力は、国際公益の実現を目標に掲げ、途上国の発展を純粋に追求し、個別事業の効果を重視する姿勢を貫いてきた。戦略的な色は薄くとも、相手国の貧困削減に貢献し、経済活動の促進に寄与してきた。特に重点支援地域であった東南アジアにおいて、その実績が顕著であった。同地域では、各国の経済成長が進み、貿易量が増え、日本企業の進出が本格化し、関係国すべてが発展する構図が生まれた。この事実から、「東アジアの奇跡」の一端を日本が演出したのは確かである。

しかし、昨今の国際情勢により、改めて日本が求める「核心的利益」の実現に注力する必要性が高まっている。それを可能にするのが、開発協力における戦略性の強化である。実務的視点に立てば、「核心的利益」の内容とその達成指標が明確に示されれば、具体的な進め方の検討が可能となる。そして、その際必要となる資質が戦略的発想である。

戦略的発想を鍛える方法はあるだろうか。巷には、戦略を題材にした書籍や情報が多くある。その中で、特に開発協力との親和性を考慮した場合、参考になると考えられるのが「システム思考」の実践である。

†「システム思考」の活用

「システム思考」を端的に言えば、「風が吹けば、桶屋が儲かる」ことの解明である。目の前の状況に対応することで、最終的にどのような結果をもたらすかを考える手法である。変化の影響が伝わる構造を理解し、さまざまな要因のつながりと相互作用を明らかにできれば、何が最も有効な手立てかを特定することができる。すなわち、求める結果に辿りつくために、どのような一手を打てばよいかを判断できるようになる。

温暖化の影響で湖が干上がり、テロ団体が生まれたことは、ナイジェリアの例ですでに記した。ロシアのウクライナ侵攻により、貧しい国が食糧危機に直面し、労働に従事する子どもが増えたことにも触れた。すなわち、温暖化を防止できれば、ボコハラムに女学生たちが誘拐される事態は避けられたかもしれない。また、複数の輸送ルートを確保していれば、ウクライナの穀物が迅速にアフリカの国々に届き、小さな子どもが食事の回数を減らさなくてよかったかもしれない。

全体像を小さな要素のつながりとして把握し、投入の波及経路を押さえ、最も効果的な解決策を選択できれば、「核心的利益」を実現する近道となる。安全保障と開発協力の文脈においても、この「システム思考」により、具体的な支援手法が選びやすくなる。前出の「内科療法」の比喩で言えば、患者の症状に対して最も適切な処方が可能になる。

すでに述べたように、国際社会において、「経済成長が進めば民主主義制度が定着する」との公式はまだ証明されていない。第1章で見たように、民主主義体制の国はほとんどが先進国であり、裕福な国である。一般には、個人が豊かになり、教育水準も高まれば、自己実現の願望が強くなり、自由や平等を求める体制を欲すると想定される。中国でも国民の一部はそう考えているはずだが、国自体は一党体制のままである。また、タイでは、民主主義体制は確立されているのに、都市部の富裕層がタクシン派を嫌い、軍部主導の政権を支持する側面がある。

もし、経済成長と民主主義体制の関係をより明らかにできれば、国柄によって、有効な支援方法を選択することができる。まず行うべきは、インフラ協力ではなく、法制度整備かもしれない。民間部門の育成よりも教育の充実かもしれない。このような施策の順番や優先度の議論は、第2章で述べた明治期の大久保利通と福沢諭吉の民主化に関する主張にも通じる話である。

国によって、「システム思考」の手法がうまく使えれば、投入と結果の関係をより正確に把握できる可能性がある。まずはその手法を身につける必要があるが、「システム思考」を学習するには、一般に「氷山モデル」や「ループ図」等に基づく訓練がある。「氷山モデル」は、眼前（海上）にある事象にとらわれず、対象全体を複数の階層（海下）に分け、パターン化や構造化を習得する方法である。「ループ図」は諸要素をループで結び、それぞれの関係を可視化するものである。各投入や出来事等の要素を矢印で結び、それぞれの因果関係を分析する際にも用いられる。これらの実習を通して、問題解決を図る際、どの要素を変化させればよいかの判断が養える。筆者も現地の問題を構造化する場合に拙い（つたな）ながらもこれらの手法を試みている。

†支援事業の色分け

第3章で述べた「インパクト・インフラ」も含め、日本や相手国の安全保障に役立つ事業を戦略的に選択し、支援する意義は大きい。他方、途上国支援の理念からすれば、当該国の経済成長や福利厚生に役立つ事業が今後も主要対象であることは変わりがない。安全保障の文脈に沿った戦略的事業と途上国の発展を純粋に促す開発事業は、重なる部分があるものの、支援を検討するうえで、性格上の色分けを意識しておくべきである。

日本は「人間の安全保障」を開発協力の理念に掲げている。生存や生活に対する深刻な脅威から人々を守り、保護や能力強化を通じて個人の自立を促すことを主眼とする。具体的には、暴力や人権弾圧による「恐怖」を絶ち、貧困に伴う食糧や教育等の「欠乏」をなくすことを目指すものである。国家よりも人間一人一人に焦点を当てた開発理念と言える。個人の尊厳と自己決定権を促すことが、人々の連帯強化につながり、安定した社会を構築する礎にもなる。

この観点で、災害時の救援、教育制度の拡充、医療施設の充実、農業開発等は、広く「人間の安全保障」に合致する支援である。これらは、個人の生活と自立を守るとともに、国造りに必要な「人への投資」にもなっている。その考え方と成果を考えれば、これらは、途上国の人と社会への貢献を第一義とする開発事業の範疇に入るものである。

「人への投資」に加え、道路、鉄道、水道、防災等、国の経済活動に不可欠な主要インフラも国造りに寄与する開発事業として重要である。経済成長を欲する途上国政府にとって、社会基盤を強化する公共事業への支援要望は引き続き高い。日本の知見や技術に基づく質の高いインフラ整備を通じて、経済が活発化し、雇用機会が増え、人々の暮らしが良くなることは、開発協力の理念に合致する。

これらの開発事業と戦略的事業は色合いが異なるが、「システム思考」からすれば、もたらされる効果は一部重なることが想定される。例えば、「人への投資」が民主主義の実現に結びつく道筋も描ける。すなわち、良質な教育が生徒の人権意識を高め、自己実現のために民主的な社会を希求し、その構築を目指す主体となっていく構図である。「人への投資」は、まさに内科療法の措置のようなもので、即効性はないが、時間を経て大きな効果をもたらす可能性がある。法制度整備や民間部門育成への支援が加われば、今は権威主義体制の国であっても、人権や民主主義を含む普遍的価値を重視する国に変身していく確率が高くなる。

それぞれの事業の性格は、図6－1の概念図に示されるが、支援規模としては開発事業が大半を占める。戦略性のある安全保障関連の事業は、選択的に絞り込まれるため、当面は全体の割合からすれば限定的となることが望ましい。あまり野心的すぎると、中国のように批判を浴びることになる。自国の権益拡大のために開発協力を利用するような露骨な方法は避けるべきである。重要なのは、各国への支援方針に関する政府内の議論において、「安全保障枠」を常に意識し、具体的な事業を形成していく姿勢である。

戦略的事業		開発事業
民主化教育	⇐	人的投資（教育、職業訓練等）
法制度	⇐	制度整備（法律、貿易、投資等）
物流・供給網	⇐	経済インフラ（輸送、通信、電力等）
新技術活用	⇐	気候変動対策（再生可能エネルギー、防災等）
		社会インフラ（学校、病院等）、人道支援、食糧援助、財政支援

図6－1　戦略的事業と開発事業の概念図

折しも、新安保戦略の中で、同志国の安全保障上の能力や抑止力の向上を目的とした新たな協力枠組みが盛り込まれ、日本政府は2023年4月に「政府安全保障能力強化支援（OSA）」の制度を正式に立ち上げた。これは、途上国の軍を対象にするもので、領海の警戒監視、紛争時の救援活動、国連PKOへの参加に必要な能力強化等に対し、無償資金協力が供与される。政府は最初の支援国として、フィリピン、マレーシア、フィジー、バングラデシュの4か国を挙げており、2023年度は支援の予算として20億円が計上された。これにより途上国支援のメニューに新たに国防面の協力が加わったことになる。新制度と開発協力との差別化を図りつつ、安全保障の観点で両支援枠の接点を見いだすことも戦略性の議論に含まれよう。

新「開発協力大綱」には、「自由で開かれた国際秩序は重大な挑戦にさらされている」との文言が挿入される見込みである。開発協力に携わる者は、その危機感や緊張感を強く持ちつつ、戦略的な観点で安全保障に資する協力を推進していくべきである。加えて、純粋な開発事業であっても、既存の慣習や方法にとらわれず、効果を向上させる新たな協力手法を生み出す試みが求められる。同大綱に記される予定の効果的・戦略的なアプローチ（開発機関との連帯等）も念頭に、そのいくつかの手法について、次節に示してみたい。

3　枠を超えた協力手法

†新興国との連携

途上国支援を拡充する観点で、他国との協働は望ましいかたちである。支援国は、それぞれの予算制約の中で資金協力や技術支援を行っている。このため、例えば水力発電事業に融資するが、地域内に延びる送電線事業までは手が回らないといった状況が起こりうる。その際に他の支援国が送電線敷設の協力を行えば、住民に速やかに電気が届くことになる。対象地域の電化計画をいくつかの区域に分け、支援国が協力を分担することで、大きな成果を上げることができる。

日本は、先進国の開発協力機関と協働し、このような連携実績を重ねてきた。特に有償資金協力の手法を有するフランスやドイツとは支援目的や手続きに共通性があるため、鉄道、発電所、水道などの開発事業へ協調融資を行ってきた。世銀やアジ銀を含め、これらの機関とは定期的な協議会の場で頻繁に意見交換し、支援方針や具体的な協力方法を議論できる環境にある。

他方、第4章で記したように、途上国支援で存在感を増している新興国との連携はいまだ限定的である。三角協力の実績は増えているが、技術協力が中心であり、経済成長に大きく寄与するインフラ事業での協調は稀である。第4章で記したケニアの鉄道事業の例は、日本と中国が事前に合意して連携した結果ではない。現状を基本とする自然体の姿勢では、新興国との連携に関する議論が深まる可能性は低い。

連携の支障となる要因の1つは、国際標準型とは異なる新興国の協力手法にある。建設業者の選定方法や環境配慮の面で相違の幅があり、各国が独自の方針や方法にこだわる姿勢が連携促進の壁となる。そのような課題を乗り越え、日本と新興国が足並みを揃えれば、事業効果の向上に加え、環境配慮や債務管理等の知見が新興国に移転される成果が期待できる。

特に「自由で開かれたインド太平洋（FOIP）」を一緒に展開するインドとの連携は有望である。第4章で述べたように、インドの資金協力や技術協力の手続きはすでに確立されており、インド輸出入銀行の融資や実績は広く情報公開されている。インドの途上国支援は、中国が推進する「一帯一路」のような野心的な政策遂行の色彩は薄く、開発目的を第一義とした支援が基調である。それらの要素が連携の可能性を高くしている。

インドとの連携実現には、日本とインドの両政府間で新たな協力枠組みに正式合意することが望まれる。今の実施体制でも一部の協働は可能であるが、能動的に協力を進めるには、政府どうしが協働の趣旨と意義を理解したうえで、実際に遂行する体制を整えることが重要である。そのためにも、政府間の合意を経たうえで、例えば、「日印対外協力イニシアティブ」として発表すれば、途上国にも広く周知され、円滑に進める準備が整う。

また、両政府の協力が実効性を持つには、インドに新たな開発協力機関を設けることが望ましい。融資については、インド輸出入銀行が実務を担っているが、技術協力は外務省の直営であり、研修機関との調整等、事務作業が膨大となっている。インフラ事業の進捗監理を含め、支援の質を高めるためには、専担機関の設立が必要である。

インド輸出入銀行に対しては、従来、日本のＪＩＣＡが各種調査手法や事業監理の研修を実施している。技術協力、無償資金協力、有償資金協力を一手に引き受ける組織がインドに誕生すれば、日本と連携できる範囲や手法も広がる。また、同組織の設立支援や能力開発に当初から日本が参画すれば、実施段階の調整も容易となるであろう。

「グローバル・サウス」の代表格たるインドと途上国支援で連携することで、日本は新たな国際秩序の形成に影響力を発揮することができる。両国の協力がうまく軌道に乗れば、「自由で開かれたインド太平洋（FOIP）」の理念を実現する中核的な取組みになるに違いない。

†外国のNPOや財団との協働

日本の開発協力にNPOや研究機関が関わる機会は増えているが、いまだ本邦組織がほとんどであり、かつ支援規模は限定的である。途上国で活動する日本の団体数が限られていることが要因の1つであるが、専門的な知識や技術を兼ね備え、潤沢な財源を有するNPOが国内に少ないことも理由に挙げられる。

国際的なNPOは活動規模が大きい。フランスの国境なき医師団や人道支援を行うイギリスのオックスファムは、世界90か国以上で活動を展開している。これらの団体は、専門性の高いスタッフを抱え、事業監理手法も確立されている。また、アメリカのロックフェラー財団やビル&メリンダ・ゲイツ財団は、豊富な財源を背景に医療や先端科学の研究等、政府の手が回りにくい分野で事業を展開している。途上国支援においては、これらの能力が高い団体と協働することで事業効果を高めることが可能である。

日本とビル&メリンダ・ゲイツ財団は、「ローン・コンバージョン」と呼ばれる仕組みで協働実績がある。これは、途上国が政策達成に必要な条件を満たせば、日本の貸付に対する返済を財団が引き受けるものである。パキスタンやナイジェリアのポリオ撲滅事業において、政府がワクチン接種の進捗率等の条件を満たせば、財団が円借款の代位弁済を行うことになっている。これらは、ポリオ撲滅を推進する仕組みを日本と財団の協働で構築した例である。

先進国だけでなく、途上国にもすぐれたNPOや財団が存在する。南アジアでは、バングラデシュのBRACやインドのタタ財団等が有名である。BRACは途上国最大のNPOと言われ、農業、教育、保健、金融等、多くの分野で慈善と民業を織り交ぜた事業を展開している。職員数は約10万人であり、能力のすぐれた開発組織として国際機関の評価も高い。

タタ財団は、タタ財閥によって設立された組織で、社会貢献事業を多く手掛けている。医療、職業訓練、水供給、村落開発、環境保全等、幅広い分野で活動しており、毎年の予算規模は100億円を超える。各事業は、地元の市民グループやNPOと協力するかたちを基本としており、医療分野だけで150以上の団体が参画している。財団職員には社会開発分野の専門家が多く、現地に根ざした支援の知見が豊富である。

これら途上国の団体は、最近のコロナ禍対策も含め、現地の実情に沿ったきめ細かい支援を展開し、着実に成果を上げている。地元の自治体や有力企業との関係構築を図っており、住民からの評価も高いことから、その独自の手法は見習うべき点が多い。日本の開発協力においても、これらの有力団体と協働する機会があれば、事業の質や効果を上げられる可能性が高い。BRAC傘下の銀行にJICAが気候変動対策を目的とした融資を供与しており、すでに連携実績はあるものの、協働の潜在性はいまだ大きい。

互いの得意分野を生かすかたちで有効な連携を実現するには、日本側から能動的に接触する姿勢が不可欠である。実際の協議では、双方の関心事項を調整しながら、支援方法のすり合わせを行うことが必要となる。その観点で、各国ごとに有力なNPOや財団の個別情報を揃えておくことが望ましい。例えば、JICAインド事務所では、同国内約1000団体のNPOと約600に上る社会的企業のリストを備え、公表している。これにより、支援分野、対象地域、活動の特色に従って、協働相手の団体候補を容易に選べる体制となっている。

具体的な協働の内容はさまざまである。例えば、計画作りに定評のある欧米の財団には、開発の上流部分における長期構想や提言の作成を依頼することが考えられる。また、途上国のNPOには、開発協力事業の一部において、独自の技術や手法を用いた活動を担当してもらう。例えば、現地の慣習や文化に配慮した遠隔医療や女性の自立支援等がそれに含まれる。さらに、活動費用を提供することで、日本が直接支援できない分野や地域で事業を実施してもらうことも考えられる。係争地での人道支援などが例として挙げられよう。

このように、NPOや財団との協働においては、支援の効果を重視する観点で、能力にすぐれる組織を選ぶことが肝要である。民間企業が海外で行う合弁事業の手法等も参考に、組織間の協働を促進していく試みが求められる。

†「結合機能」の強化

一般論として、途上国では、政府の歳入が不足し、十分な公共サービスが提供できない状況にある。したがって、政府の手が届かない地域や分野は、地域社会や民間団体に「お任せ」の状態となる。日本政府による開発協力は、基本的に途上国政府の事業が対象であるため、その事業範囲は公共サービスに限定される。すなわち、行政の手が届かない住民の生活環境は、支援の対象から外れ、以前からの状態が続くことになる。

貧困世帯が多い地域では、容易に商売が成り立たず、民間企業の活動範囲は限られる。僻地で電気販売の事業を開始しても、住民から料金徴収ができなければ、企業活動は続けることができない。このように考えると、途上国には行政サービスや市場取引の「網」か

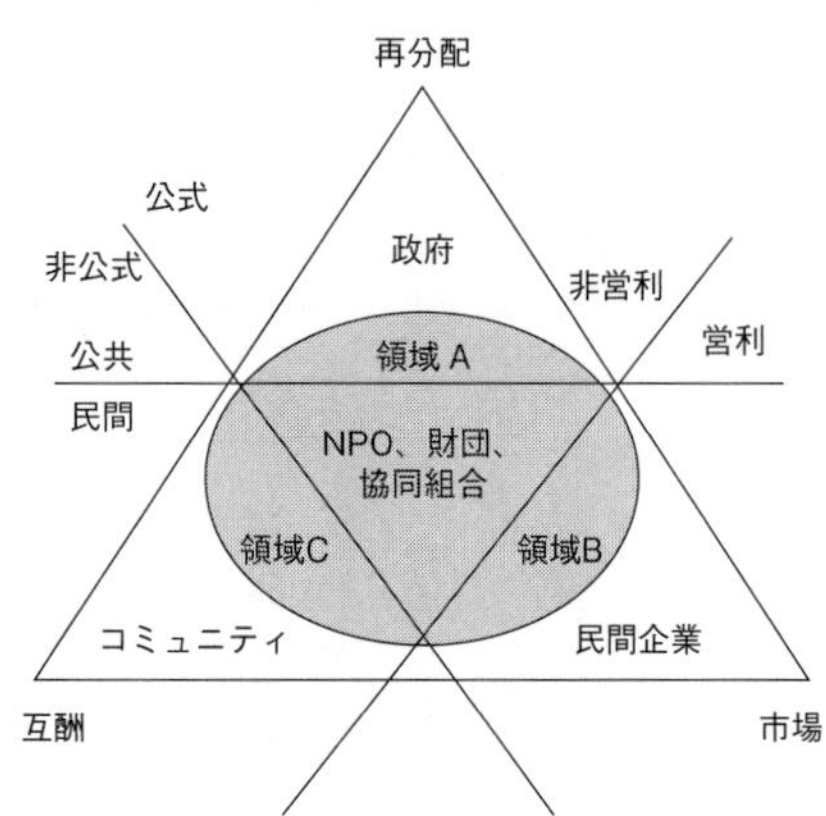

（出所：ペストフ『福祉社会と市民民主主義』を参考に作成）

図6－2　福祉トライアングル（楕円部分が広義の「サードセクター」）

ら漏れた国民が多く存在することがわかる。言わば、社会から「取り残された人々」が都市部にも農村部にも多数生活しているのが現状である。

「取り残された人々」のいる領域は、従来「サードセクター」等の名称でヨーロッパを中心に研究がなされてきた。政府や民間が関与しないため、一般にNPO、ボランティア団体、協同組合等が「サードセクター」で活動している。その領域を示す概念として、「市場交換」「互酬」「再分配」の資源分配に焦点を当てたペストフの福祉トライアングルが参考になる（図6－2）。この枠組みでは、政府、民間企業、地域（コミュニティ）の各活動領域があり、それに属さない空間が「サードセクター」である。図の中央に位置する逆三角形の部分がそれに相当する。

この逆三角形の領域では、食糧配給、教育サービス、農村電化、医療支援が必要となっており、従来、NPOや民間財団が主な活動主体となってきた。先進国に比べ、途上国では公共サービスや民業の範囲が限られるため、この部分の面積は広くなる。すなわち、図の領域A、B、Cの部分も含む楕円形が途上国の「サードセクター」となる。

最近では、この楕円形の領域で活動する組織が増えてきた。社会課題をビジネスの手法で解決しようと試みる社会的企業等の存在である。これらの団体は、単なる一過性の慈善事業ではなく、教育や医療のサービスを持続的に提供する仕組みを構築している。また、民間企業が自社のCSR（企業の社会的責任）活動を通じて、貧困地域の社会開発を行うケースもある。

途上国の開発を真摯に考えるならば、これらの団体を支援することも検討されるべきである。支援内容は、前述の協働を模索する取組みにとどまらず、団体間をつなぐ結合機能も含まれ得る。具体的には、企業の要望に応えるかたちで、CSR活動に必要な現地の団体を紹介したり、インパクト投資を行う機関と社会的企業を結びつけたり、NPOどうしをマッチングしたりする機能である。さまざまな機関や団体とつながっているJICA等の機関にプラットフォーム機能を追加すれば、開発に従事する団体や民間企業どうしの連携促進が図れる。

筆者の経験として、「結合機能」を強化する需要は大きいと確信している。途上国駐在の際、現地に進出している日系企業からCSRの相談を受けることがときどきあった。「自社の教育機材の提供をしたいので、適する学校や団体を紹介してほしい」「農村電化を進める方法を教えてほしい」「医療事業を行う有力NPOに接触したい」等々。団体等の紹介後、事業が円滑に進み、児童教育や住民の生活向上に寄与した事例もある。

JICAは、世界約100か国に事務所を有し、各国内のさまざまな開発関連機関と事業を展開している。そのため、やる気さえあれば、さまざまな分野の企業、研究所、有識者、専門家と関係を構築することが可能である。一方で、開発協力の支援活動が多岐にわたるため、優先度からすると、異なる領域の団体をつなぐ「結合機能」はいまだ試行途上にある。開発の理念を改めて想起し、「取り残された人々」の状況を真摯に考えれば、「結合機能」の重要性は明らかと言えよう。

†受託国家としての矜持

インドのガンディーは、富裕者が神から財産の信託を受けた「受託者」としてふるまい、その財産を貧困層のために行使すべきとの受託者制度理論を展開した。富を獲得する企業家は、自らの生活に必要な財産を除き、それ以外を社会のために使うべきとの考え方である。これは、資本主義の力を弱者救済につなげる趣旨として理解できる。

日本でも渋沢栄一や大原孫三郎などの明治期の実業家は、多くの社会開発事業に資金を投じた。現在でも、主要な企業は財団等を設立し、奨学金事業や研究助成の活動を行っている。欧米でもビル＆メリンダ・ゲイツ財団やシュワブ財団等、富を成した企業家が自ら団体を立ち上げ、事業で獲得した資金を国際社会の課題解決に使っている。鉄鋼王カーネギーの「富を獲得した者は、懸命に配分する社会的責任がある」との考えに沿った行動である。

これを国家にあてはめて考えれば、政府は国民や企業の信託により、行政の執行を受託した主体である。それには開発協力の遂行も含まれる。税金を納める国民や企業から委託され、途上国開発や国際社会の秩序維持に資金の充当を図る責任がある。受託者として、預かった資金を有効に使う責任が政府にはある。

民間企業の中には、日本の開発協力の実績を知るに及んで、利益の一部を政府に寄付する意図を示す会社もある。受託者を信頼し、法制上の税金に加えて自社の資金を提供する趣旨である。しかし、その申し出に対して、積極的に対応する体制は整えられていない。受入れ手続きや管理方法の確立が面倒であることがその一因である。他方、受託の意思を正式に固めれば、企業や個人からの要望に対して有効な受け皿になれる。

開発目的に使う債券をＪＩＣＡが発行し、企業や個人が購入する仕組みはすでに構築されている。これは、開発協力への「投資」でもあり、多数の応募者があり、その需要が大きいことがうかがわれる。すなわち、仕組みが整えば、政府機関が広く資金を集め、途上国の開発事業へ充当することが可能となる。

各国政府から資金の提供を受け、信託基金として利用する方法は多くの国際機関に実績がある。例えば、2015年に日本で事務所が開設された国連機関のUN Womenは、「ジェンダー平等基金」を運用している。これは、途上国で女性の地位向上の活動をする団体に助成金を提供する事業である。国際機関には、一度に多くの国々で支援を展開できる優位性があり、各国から委託を受け、業務を遂行している。

日本の開発協力における総合力と実行力は、国際機関に勝るとも劣らない水準にある。その実績に鑑み、日本の国民や企業のみならず、途上国の企業や団体からも日本と開発事業で協働したいとの申し出を受ける場合もある。実際、日本に受託国家としての役割を期待する現地の声を何度も聞いている。

貿易や海外投資を通じて発展してきた日本は、獲得した富の一部を国際社会の発展や維持に使う道義的責任がある。企業が取組むCSRやESGのごとく、国として、途上国の開発のために資金や人材を使い、貧困削減や環境保全等を遂行することが求められる。さらに、途上国からの期待を真剣に考慮するならば、政府予算に加えて、国内や海外から資金を集め、開発協力事業に充当することが検討できる。その観点で、国際機関に設置される信託基金の日本版のような仕組みを作ることも一考である。

集めた資金の使い道について、日本が優位性を持つ分野に特定する方法もある。例えば、災害対策、母子保健、高齢者対策、脱炭素化に寄与する事業である。日本しかできないことを国際社会から受託し、着実に実行することは筋が通っている。その制度や仕組みが整えられれば、新たな開発協力の可能性が広がることになるであろう。

4　信頼構築と国造り

†「合理的な利他主義」

本書の最後にあたり、開発協力を行う際の心持ちや所作のあり方について触れてみたい。それらが日本や日本人の魅力を高める工夫に通じると考えるためである。

日本では大乗仏教の教えが流布している。自分一人が悟りを開いて良しとするのではなく、仏性を宿すすべての人々が救われることを求める。己の成仏を成すために、一切衆生を救いたいとする菩提心を起こすことが大乗仏教の条件である。いわゆる利他行の実践を重んじる教えである。

菩提心に従えば、貧しい国に慈悲の心で接し、救いの手段として、自国の恵みを分け合うことが自然の姿となる。恵みは、財産であったり、知識や技術であったりする。見返りは求めず、ただ、相手国の窮状を救うことに専念する。困ったときは「お互いさま」であり、助け合いの間柄に上下や優劣の関係はない。持つ者が持たざる者と恵みの分かち合いをすることに迷いは生じない。

途上国への開発協力もこの利他行に通じるものがある。実際にそのような信念を持って、仕事に就く者がいる。「お互いさま」の精神で助け合うことは、日本人には広く受け入れやすい考えと言える。キリスト教の慈善の精神やイスラム教の喜捨の実践も教義に違いはあるが、他人に手を差し伸べる趣旨として共通している。

利他の精神は批判の対象にはなりにくい。しかし、良かれと考えて実践したことが相手の害につながる場合がある。よく議論になるのは、施される側の甘えと依存である。支援が続くことで、自立の精神が損なわれ、他人に頼る状況が常態化する結果になる。

インドのガンディーは、慈悲と尊厳の問題を重視し、安易な施しを嫌っている。周りが見ている前で食物を与えることや、学ぶ者に無償教育を提供することに対して注意を喚起している。利他として行ったことが、相手の支配につながり、手段によっては支援された側に過度の負担感を与えることを憂慮するものである。

純粋な善意で行う利他に対し、自分のためを思って他人を支援する考え方もある。「合理的利他主義」と呼ばれるものである。これは、要するに「情けは人のためならず」であり、今の施しは回りまわって自分に返ってくることを念頭に置く。「合理的」の意味は、利他行為によって、何が自分の得になるかをあらかじめ具体的に考えておくことである。先行投資により、のちのち大きな利益を得る考えもこれに類する。本書で述べた開発協力における戦略的事業がこの範疇に含まれる。

また、限られた財源や人的資源を効率的に活用し、最大限の効果獲得を目指す「効果的利他主義」の考え方もある。困っている者に支援をしても、対象者によって効果が上がらない場合がある。進学のための奨学金を給付しても、勉学の意志が強くない者は途中で落第するかもしれない。同じ金額を使う場合、先進国では1人分の費用しか賄えなくとも、途上国では物価の違いから10人に学費が行きわたるかもしれない。利他の目的と効果を十分考慮して実行するのが「効果的利他主義」である。

†共感の罠

これらの考えに基づくと、共感のみによる利他行為は必ずしも望ましいものとはならない。例えば、ウクライナの被害状況は毎日報道され、ロシアの空爆を受けた家族や傷ついた子どもの姿に胸を痛める。そのため、強い共感を覚え、資金や物資の寄付を行う動機が強くなる。

しかし、内戦や物価高で食糧危機に陥っている国々は多数存在している。軍事政権に焼き討ちにされているミャンマーの少数民族はもっと悲惨な状況かもしれない。タリバンに支配されたアフガニスタンの子どもは、より深刻な飢餓状態かもしれない。しかし、目にする機会が少ないことから、共感が湧かず、支援の動機に欠ける。本当に支援を欲している人たちがいても、その存在に関心を払わないのが「共感の罠」である。

もちろん、共感の意味や力が否定されるものではない。人権問題にしろ、気候変動問題にしろ、共感が大きな流れを作り、国際社会を動かす原動力になる場合は多々ある。共感が国どうしの結びつきを強める場合もある。ここでの留意点は、利他行為が感情のみに支配されず、その意味や効果を理性的に考えた上で実践されることが重要ということである。

他方で、「合理的利他主義」や「効果的利他主義」が行き過ぎると、支援の内容に偏りが出る場合がある。すなわち、測定できる効果に特化するあまり、即効性のある短期的な取組みに集中する可能性である。合理性や効果にこだわりすぎて、せっかくの利他行為が「鼻につく」結果となり、支援される側から嫌がられる場合も想定される。善意の行いであったものが、いわゆる取引行為になってしまい、支援を受ける者が鼻白むような事態である。

この観点からも、本章第2節で記したように、安全保障を念頭に置いた戦略的事業は選択的なものとすることが望ましい。戦略的事業は、日本への裨益効果を重視しながら、途上国の要望も同時に満たす工夫が必要になる。開発協力において、支援される側からの反応や評判を重視するならば、日本側の行動や所作について、常に注意を払うことが肝要と言える。

†武士道は有効か?

開発協力において、戦略性と実践性を重視して行動するにしても、国の品格や尊厳を損ねる行動や所作は避ける必要がある。国益追求の色彩が濃くなり、功利主義や成果主義に偏りすぎると、途上国から軽蔑される恐れがある。従来の日本の姿勢が高く評価されるのは、相手国の開発を第一義に考え、約束したことは着実に実行する姿勢が一貫していたからである。

日本が高い品位を保ちつつ、効果的な協力を推進するには、その行動様式に何らかの指針があることが望ましい。この観点で、開発協力の現場で経験を重ねるうち、良い参考になると実感したものが武士道の精神である。新渡戸稲造が明治期に『武士道』を記したのは、欧米の宗教に基づく価値観に相当するものとして、武士の徳目に焦点を当て、日本人特有の道徳観や倫理観を世界に示すためであった。

「嘘を言わない」「利己主義にならない」「礼儀を尽くす」「約束を破らない」「上の者にへつらわず、下の者を侮らない」「人の窮状を見捨てない」「義理を重んじる」等の徳目は、日本人には広く常識となっている。また、「義を見てせざるは勇なきなり」と言うように、「勇」がなければ、正しい道である「義」が実現しない。

途上国から広く信頼を集めるには、これらの徳目に忠実である必要がある。国柄は違っても、これらの徳目は多くの国で共通している。先進国の傲慢さや利己主義の態度に途上国の人々は敏感である。何度か記してきたが、現地で聞かれる日本人に対する評判として、誠実で実直な姿勢がよく挙げられる。今後、戦略性の色合いを強くするにあたっては、途上国から余計な疑念や嫌悪感を持たれない努力が一層必要となる。

現状において、特に日本が重視すべきと思われるのは、「勇」の精神である。途上国が直面する困難な状況や大国の傲慢な行動について、日本は「勇」を持って対処しなければならない。日本政府は、国際協調に基づきつつ、積極的平和主義を推進することを標榜している。新安保戦略や新「開発協力大綱」が強調するのは、行動の能動性や積極性であり、それをいかに実践するかが今後の課題である。

前例主義や事なかれ主義では「勇」の精神は発揮しにくい。無難な手法だけでは、困難な事態は打開できない。もちろん、先の大戦等の教訓から、国として「蛮勇」を避けるのは当然としても、国際社会で波風を立てないように、保守的な姿勢に過ぎることは回避するべきである。途上国からの期待にあるように、日本は欧米とは体質や性格が異なる国として、独自の手法で種々の問題に立ち向かえる特性を持っている。

「勇」の出し方はさまざまである。国連での発議や主張、新たな協力手法の検討、「取り残された人々」へ届く支援の実施、日本の優位性に特化した協力の推進などが含まれる。ときには、支援相手の途上国にも注文や意見を率直にぶつけることも必要になる。内政干渉の原則に配慮しつつも、権威主義に移行する国へは、支援の規模縮小や政策変更の忠言も必要となる。

武士道の精神は、企業倫理の観点で経営学においても広く導入されている。経営者が備えるべき徳目との親和性が高いためである。企業を社会の公器ととらえ、CSRやESGの取組みが顕著になる中、道徳観や倫理観にすぐれる企業と手を携えて途上国支援に従事すれば、事業成果のみならず、途上国からの信頼も同時に得られる可能性が高まる。

†信頼の力

本書で強調してきたように、日本は、先進国と途上国の介在役となり、相互の利害や主張に配慮しながら、国際秩序の形成に貢献できる立場にいる。民主主義国として権威主義国にも融和的に接し、「礼」を尽くして「義」を説くことができる。それらを実際に推進する方法の1つが開発協力であり、効果を最大化するために、戦略性に富む実践的な取組みが必要となる。

日本の役割を十分に果たすには、各国との信頼関係が構築されていることが前提である。信頼を得るには、実利の分配に加え、国としてのふるまいや所作が重要であると述べた。それに関連して、信頼の構築に関する既存の研究では、主に3つの要素が重要だとされている。

第一に、支援する側の能力の高さである。これは、国として知見や技術にすぐれ、物事を達成する力を有することを意味する。途上国から求められる道路や水道等の公共事業を問題なく完成させる能力がなければ、信頼を獲得することは難しい。専門的な知見を備えていなければ、相手にされない。協力遂行のために一定の資金力や技術力を備えていることが前提となる。

第二に、取組み姿勢やふるまい方である。武士道の徳目に沿った所作が一例である。相手国を見下す態度や自国の利益を強調する行動は厳禁である。相手国を尊重し、誠実かつ勤勉に協力事業に従事することで、信頼度が高まる。欧米諸国がともすれば傲慢と思われる態度をとり、途上国から警戒感を持たれていることは常に念頭に置く必要がある。

この2つの要素、すなわち、実行能力があり、「礼」にかなった姿勢で開発協力に取り組めば、途上国の信頼は十分に得られるだろうか。実際は、必ずしもそうはならない場合がある。もし、支援国に隠された思惑があるようであれば、支援される側としては、関係構築に慎重にならざるを得なくなる。

例えば、協力を通じて、支援される側の依存度を意図的に高めることで、支援国の主義や主張に従わせる作為が疑われるような場合である。これには、融資の返済が不能となった際に国内資産の接収を図るようなことも含まれる。隠された意図がある国とは仲良くしたくないのは当然である。この観点で、当事国の間で国造りの考え方や基本的な価値観が異なる場合には、深い信頼関係を築くことは難しくなる。

これに基づけば、国としての能力やふるまいの前に仲間意識の有無が重要となる。それが信頼構築の第三の要素である。自国の利益を第一義とする「現実主義」の国際社会において、主義や価値観が異なる相手はいつ脅威になるかわからない。そのために、国家の体制や国際秩序のあり方について、考えを同じくする国どうしが強く結びつくことになる。それが同志国であり、利害を超えた仲間である。

アメリカが2022年10月に公表した新安保戦略では、中国を「アメリカ主導の国際秩序を作り替えようとする唯一の競合相手」と位置づけ、「最も重大な地政学的な挑戦」であると記した。また、中国とロシアを念頭に「国を統治する独裁者が民主主義を弱体化させ、国内での抑圧と外国での強制による統治モデルを広げようとしている」とした。法の支配に基づく国際秩序の信念を持たない両国への不信を露わにした内容である。

信頼構築の要素となる能力や所作は自国の努力で改善できる。しかし、目指す目的や価値観の共有は相手国との関係性に依拠する。国どうしが対等な関係でお互いを尊重すること、法の支配に基づく民主主義体制を構築すること、個人の自己実現を促す社会を作ることなど、国のあり方に関する価値観を共有できて初めて、同志国として信頼関係が強化される。

日本はすでに多くの国から一定の信頼を獲得している。開発協力を遂行する際の能力と所作は、国際的にも高い水準にある。今後、途上国の信頼度をより高めるには、国際秩序の理想や重視する価値観を広く伝達し、浸透させる積極的な姿勢が求められる。

アメリカと中国の体制間競争や権威主義国と民主主義国のせめぎ合いは当面続くであろ

う。その状況で、負の影響を大きく受けるのは途上国であり、日本は開発協力大国として、等身大の貢献を果たしていく必要がある。変動する国際社会の中で、日本がその役割を着実に担うためには、国どうしの深い信頼関係が前提となる。強固な信頼はさまざまな局面で大きな力になりうる。この観点で、日本が目指す姿は、多くの国から慕われる「信頼大国」であることを忘れてはならない。

おわりに

　インド駐在から日本に帰った2021年から母校の大学で国際協力を教える機会に恵まれた。若い人たちに途上国支援の意義や醍醐味を伝えたいと考えていたので、政府間の交渉や現地の苦労話なども含め、理論と実践経験を織り混ぜた授業をしている。すると、予想以上に学生の関心は高く、また、支援の手続きや実態についてあまり知られていないことも改めて認識した。

　例えば、首相や大臣が途上国を訪問した際に新しい支援について金額を含めて約束するが、それまでに長くて数年もの時間をかけて相手国と交渉し、事前に事業内容の詳細まで決まっていることや支援額の大半は円借款なので、資金は将来日本に戻ってくることなど、ほとんどの学生には初耳となる。

　同じく、本書で記したように、日本の途上国支援は戦後賠償から始まったことや世界銀行の借入資金を有効に使用して高度経済成長を成し遂げた話を知ることで、現在の支援形態の成り立ちについて理解が深まる。また、開発協力の成果について批判する書籍もある中、支援が役立っている場合とそうでない場合があることを実例に基づき説明することで、途上国の開発が一筋縄でいかないことを学んでもらえる。

一例として、支援が円滑に進まなかった事業に、筆者が若い時分に携わったパプア・ニューギニアの道路建設がある。事業に伴う住民移転に強く反対する少数部族がいて、工事の進捗が大幅に遅れていた。なぜ反対するのか、当事者に直接確認したいと思い、いやがる現地の役人に依頼して、現場で話を聞いた。部族の代表者は最初何も言わなかったが、何度か質問を繰り返すうちにぼそっと口を開いた。

「敵が襲ってくるから」

役人が訳して教えてくれた。

「……」

正直なところ、何を言っているのかわからなかった。

「敵って誰ですか？」

「上に住む部族」

「上？」

「坂の上に住む部族だ」

役人の解説を聞いてようやく理解できた。その低地に住む部族は山間部に住む部族と抗争しており、道路ができてしまうと「上」に住む部族が襲ってくると言うのである。そのために道路建設に反対しているのであった。

現地事情に疎かった自分は正直唖然とし、しばらく頭が真っ白のままだった。それが途上国の実情であり、支援に携わる身としては、適切な方法で問題の解決を図ることが仕事のやりがいでもあることを学生に伝えている（対象の道路は後年完成した）。

熱心に耳を傾けてくれる学生の反応を見ながら、日本の開発協力の実態やあるべき姿に関する書籍を執筆したいと思ったことが本書の契機である。折しも、ロシアのウクライナ侵攻が始まり、途上国は苦境に直面している、また、中国を代表とする新興国の台頭により、途上国支援のあり方を再検討する時期が到来している。そのようなときに筑摩書房から出版の機会をいただくことになった。折よく、日本政府の「開発協力大綱」改定の時期に合わせて本書が刊行されることは、何よりの喜びである。

本書の出版にあたっては多くの方々にお世話になっている。前ＪＩＣＡ理事長の北岡伸一東大名誉教授には、現在の国際情勢や日本の果たすべき役割について、貴重なご示唆をいただいた。北岡先生の旺盛な好奇心と活発な行動力には、いつも刺激を受け、触発されることしきりである。本書の出版に関するご助言も頂戴し、深く感謝申し上げる次第である。

ＪＩＣＡの山中潤さん、大友彩加さん、森下恵介さん、小笠治輝さん、平田桃さん、清水たか子さんには原稿作成時に協力してもらった。忙しい合間に時間を割いてくれたことにお礼を述べたい。

また、筑摩書房の松田健さんと田所健太郎さんには、筆者の原稿に真摯に向き合っていただき、ありがたい気持ちでいっぱいである。途上国支援という特定の主題に関心を持っていただいたこと、誠に嬉しく、感謝している。同じく、筑摩書房の編集者でいらした湯原法史さんのご助力にお礼申し上げる。湯原さんの親切な対応のおかげで、本書の執筆を進めることができた。いつの日か、また雰囲気の良い神保町の喫茶店でコーヒーをご一緒できれば幸いである。

最後に執筆を見守ってくれた妻と2人の娘に感謝したい。家族と過ごしたマレーシアやインドの駐在生活を想い出しながら、本書の原稿を書き進めた。観察力や共感力が豊かな家族のおかげで、途上国の仕事に彩りが加わったと実感している。家族とともに今後さらに人間として成長できることを願って、筆を擱きたい。

2023年5月

松本勝男

ちくま新書
1733

日本型開発協力
——途上国支援はなぜ必要なのか

二〇二三年六月一〇日　第一刷発行

著　者　松本勝男（まつもと・かつお）

発行者　喜入冬子

発行所　株式会社 筑摩書房
東京都台東区蔵前二-五-三　郵便番号一一一-八七五五
電話番号〇三-五六八七-二六〇一（代表）

装幀者　間村俊一

印刷・製本　三松堂印刷 株式会社

ISBN978-4-480-07561-1 C0236

ちくま新書

1483
韓国　現地からの報告
――セウォル号事件から文在寅政権まで
伊東順子
セウォル号事件、日韓関係の悪化、文在寅政権下の分断……二〇一四～二〇年のはじめまで、何が起こり、人びとは何を考えていたのか？　現地からの貴重なレポート。

1722
K－POP現代史
――韓国大衆音楽の誕生からBTSまで
山本浄邦
K－POPの熱狂は、いかにして生まれたのか？　日韓関係、民主化、経済危機、ヒップホップ、アイドル、ロック、演歌――国境もジャンルも越えた激動の一〇〇年史。

1277
消費大陸アジア
――巨大市場を読みとく
川端基夫
中国、台湾、タイ、インドネシア……いま盛り上がるアジア各国の市場や消費者の特徴・ポイントを豊富な実例で解説する。成功する商品・企業は何が違うのか？

1653
海の東南アジア史
――港市・女性・外来者
弘末雅士
ヨーロッパ、中国、日本などから人々が来訪し、交易や植民地支配を行った東南アジア海域。女性や華人などを通して東西世界がつながった、その近現代史を紹介。

1553
アメリカを動かす宗教ナショナリズム
松本佐保
アメリカの人口の3分の1を占める「福音派」とは何か？政治、経済、外交にまで影響を与える宗教ロビーの役割を解説。バイデン新大統領誕生の秘密にも迫る。

1376
はじめてのアメリカ音楽史
ジェームス・M・バーダマン
里中哲彦
ブルーズ、ジャズ、ソウル、ロックンロール、ヒップホップ……ルーツから現在のアーティストまで、その歴史を徹底的に語りつくす。各ジャンルのアルバム紹介付。

1514
中東政治入門
末近浩太
パレスチナ問題、「アラブの春」、シリア内戦、「イスラーム国」、石油依存経済、米露の介入……中東が抱える複雑な問題を「理解」するために必読の決定版入門書。

ちくま新書

1538
貿易の世界史
――大航海時代から「一帯一路」まで
福田邦夫
国であれ企業であれ、貿易の主導権を握ったものが世界を動かしてきた。貿易の始まった大航海時代までさかのぼり、グローバル経済における覇権争いの歴史を描く。

1609
産業革命史
――イノベーションに見る国際秩序の変遷
郭四志
産業革命を四段階に分け、現在のＡＩ、ＩｏＴによる第四次産業革命に至るまでの各国のイノベーションの変転をたどり、覇権の変遷を俯瞰する新しい世界経済史。

1610
金融化の世界史
――大衆消費社会からＧＡＦＡの時代へ
玉木俊明
近世から現在までの欧米の歴史を見なおし、ＧＡＦＡが君臨し、タックスヘイヴンが隆盛する「金融化社会」に至った道のりと、所得格差拡大について考える。

1642
世界マネーの内幕
――国際政治経済学の冒険
中尾茂夫
第二次大戦以降、国際金融を陰で動かしてきたものの歴史を繙き徹底検証。剝き出しのマネーパワーに翻弄されてきた日本が戦ってきた真の敵の存在を明らかにする。

1524
スーパーリッチ
――世界を支配する新勢力
太田康夫
上位１％のビリオネアが富の50％を支配し、コロナ禍でさらに格差が広がっている。知られざる富裕層の素顔と動向を明らかにし、行き過ぎた格差社会の行方を占う。

1647
会計と経営の七〇〇年史
――五つの発明による興奮と狂乱
田中靖浩
簿記、株式会社、証券取引所、利益計算、情報公開。今やビジネスに欠かせない仕組みが誕生した瞬間を、見てきたように語ります。世界初、会計講談！

1715
脱炭素産業革命
郭四志
今や世界的な潮流となっているカーボンニュートラルへの動きは、新しい生産・生活様式をもたらす新段階の産業革命である。各国の最新動向を徹底調査し分析する。

ちくま新書